Heiko Schrang

Die GEZ-Lüge

Dieses Informationsangebot stellt keine Rechtsberatung dar! Ich mache darauf aufmerksam, dass dieses Buch lediglich der Weitergabe von Informationen dient und keine Rechtsberatung im eigentlichen Sinne darstellt. Der Inhalt dieses Buches kann und soll eine individuelle und verbindliche Rechtsberatung, die auf die jeweilige spezifische Situation eingeht, nicht ersetzen. Insofern sind alle Ausführungen in meinem Buch ohne Gewähr auf Richtigkeit und Vollständigkeit. Das Umsetzen der genannten Vorschläge kann zu unkalkulierbaren Risiken führen, für die ich als Autor keine Haftung übernehme, sondern die jeder selbst verantworten muss. Meine Empfehlungen werden Konsequenzen für jeden Einzelnen haben, die er selbst tragen muss.

Die Hinweise in diesem Buch sind keine Anleitung dazu, in persönlichen Einzelfällen eine Befreiung zu erwirken.

Dieses Buch ist den Menschen gewidmet, die mich inspiriert haben: John Lennon, Albert Hofmann und Muhammad Ali sowie all denen, die auf der Suche nach der Wahrheit sind.

Der Autor

Heiko Schrang, geboren 1969, ist vor allem bekannt als Autor. Im Jahr 2013 erschien sein erstes Buch, *„Die Jahrhundertlüge, die nur Insider kennen“*, das für große mediale Aufmerksamkeit sorgte und sich mittlerweile zu einem Bestseller entwickelt hat. Es folgte im Dezember 2014 die Fortsetzung *„Die Jahrhundertlüge, die nur Insider kennen 2“*. Ebenfalls 2014 wurde mit *„SchrangTV“* ein Video-Kanal auf YouTube eingerichtet, der mittlerweile regelmäßig von zehntausenden Abonnenten verfolgt wird.

Er betreibt einen kostenlosen Newsletterversand, über welchen er in regelmäßigen Abständen seine Abonnenten über die aktuellen politischen und wirtschaftlichen Themen abseits der Mainstream-Medien informiert.

Nach diversen Reden bei Friedensdemonstrationen u. a. am Potsdamer Platz und vor dem Brandenburger Tor, gehört er zu den bekanntesten Aufklärern in den alternativen Medien Deutschlands.

Danksagung

Mein besonderer Dank gilt Olaf Kretschmann und meinem Assistenten Benjamin Kaiser, die mich tatkräftig unterstützt haben. Vielen Dank auch meiner Lektorin, einer sehr guten Freundin, die namentlich nicht genannt werden möchte. Außerdem gilt mein Dank René Krüger, der mich mit seinen Ideen immer wieder inspirierte. Mein Dank gilt auch meinen Kindern, Maximus und Aurelia Schrang, die unsere gemeinsame Zeit mit diesem Buch teilen mussten.

Inhalt

Vorwort

Meine Leser, die seit Jahren meine Bücher und Publikationen verfolgen, wissen, dass ich mich nie über die öffentlich-rechtlichen Medien geäußert habe. Das lag zum einen daran, dass mir das Thema nicht wichtig genug erschien und ich es als bürokratisch und langweilig ansah. Anfang 2015 begann ich, an einem neuen Buch zu schreiben. Es sollte wieder hochspannende und mysteriöse Themen beinhalten. Die Richtung war klar und ich ging auf Kurs.

Seit Januar 2016 wurde jedoch regelmäßig meine Arbeit torpediert. Der Grund dafür war, dass es immer mehr unschöne Angriffe von Seiten des öffentlich-rechtlichen Rundfunks gab, mit dem ich bislang nur gelegentlich zu tun hatte. Bislang sah ich diese Einrichtung als GEZ an und hatte die Umbenennung in Beitragsservice nur am Rand mitbekommen.

Da aber das Verhalten dem einer penetranten Schmeißfliege glich, die mich am Weiterschreiben meines neuen

Buches hinderte, sah ich es als Zeichen des Schicksals an, doch näher in dieses Thema einzusteigen. Ich fing an, mir und anderen Fragen zu stellen, wie es beispielsweise sein kann, dass man aus Kirche, Parteien oder aus Vereinen austreten kann ohne weiterhin Mitgliedsbeitrag zu entrichten, aber nicht aus Rundfunk und Fernsehen? In diesem Fall kann man von einer Art Zwangsehe sprechen, die so lange andauert „bis dass der Tod Euch scheidet". Warum?

Keiner mit dem ich sprach, konnte mir eine plausible Erklärung dafür geben, warum das eigentlich so ist. Jetzt nahm ich mir dieses Firmenkonstrukt vor und stellte sehr schnell fest, dass es hier um viel mehr geht. Alle diejenigen, die unfreiwillig ihre 17,50 Euro im Monat entrichten, können sich in ihren kühnsten Träumen nicht vorstellen, was sich da auftat. Je tiefer ich forschte, desto mehr Dreck kam ans Tageslicht.

Spannend war, dass sich auf einmal eine Tür nach der anderen öffnete und Insider an mich herantraten mit wichtigen Puzzleteilen für das langsam erscheinende Gesamtbild. Ich entschied mich, dieses Wissen mit anderen zu teilen, da es uns alle angeht und schrieb dieses Buch. Jeder, der unfreiwillig diese „Ehe" eingegangen ist, soll erfahren, welches System sich wirklich hinter dem Zwangsbeitrag verbirgt. Da die meisten immer noch mehr mit dem Wort GEZ anfangen können, als mit dem „Beitragsservice ARD ZDF Deutschlandradio" habe ich das Buch „Die GEZ-Lüge" genannt. Das Buch besteht aus drei Teilen. Im ersten Teil geht es um das Erkennen, dass wir Jahre lang bewusst an der Nase herumgeführt worden sind, zu unserem eigenen Schaden. Im zweiten Teil geht es um das Erwachen aus dem Traum der Unwissenheit mit konkreten Lösungsansätzen.

Im letzten Teil geht es um das Verändern. Wie kann ich mich von den Ängsten befreien, um mich konstruktiv dem Thema zu stellen.

Ich lade Euch ein, mit mir auf eine hochbrisante Entdeckungsreise zu gehen.

Erkennen

Die Menschen glauben viel leichter eine Lüge,
die Sie schon hundertmal gehört haben,
als eine Wahrheit, die ihnen völlig neu ist!

Alfred Polgar

Nun lebe ich schon seit einigen Jahren nach dem Motto: „Wer weniger fernsieht, sieht mehr durch." Mir wurde spätestens seit Mitte der 90er Jahre klar, dass über das Fernsehen, im Gegensatz zu anderen Medien, überdurchschnittlich viel manipuliert wird. Mir fiel ganz besonders auf, dass bei den täglichen Nachrichten, wie der Name es schon sagt, nicht berichtet, sondern nur **nach-gerichtet** wird. Immer mehr Meldungen wurden nämlich so hingebogen, dass sie den Vorgaben der Meinungsmacher entsprachen.

Dabei beschränkt sich die Manipulation nicht nur auf Nach-richten, sondern besonders auf historische Ereignisse. Mir fiel auf, dass diese instrumentalisiert und teilweise verfälscht wiedergegeben werden. Ich selbst interessierte mich bereits seit frühesten Kindheitstagen für Geschichte, woraus mittlerweile mehr als ein Hobby geworden ist. Daraus resultierten jahrelange Recherchen, die zu dem Ergebnis führten, dass ein Großteil der Fernsehdokumentationen tendenziös und einseitig sind. Oft wurde genau das Gegenteil von dem vermittelt, was tatsächlich geschehen war.

Ungeachtet dessen wurde ich aufgrund meiner Nichtzahlung der Rundfunkbeiträge durch die Eintreiber des Beitragsservice von ARD und ZDF seit 2013 in regelmäßigen Abständen genötigt, meiner angeblichen Beitragspflicht nachzukommen.

Seit dem 1. Januar 2013 muss für jede Wohnung monatlich 17,50 Euro (bis zum 31. März 2015: 17,98 Euro) an den öffentlich-rechtlichen Rundfunk berappt werden. Eine der offiziellen Möglichkeiten, der Zahlung zu entgehen, ist obdachlos zu werden oder Hartz-IV zu beziehen. Damit nicht genug. Laut der alten Regelung konnten sich Blinde und Taube von der Rundfunkgebühr befreien lassen. Die Geldgier der Landesrundfunkanstalten und der involvierten Politiker scheint mittlerweile so groß geworden zu sein, dass jetzt sogar Blinde und Taube zur Kasse gebeten werden. Die einzige Möglichkeit, dem zu entgehen ist, blind und gleichzeitig taub zu sein. Es wurde sehr schnell Kritik an dem neuen Rundfunkbeitrag laut, der sich quer durch die Gesellschaft zieht.

Bereits im Dezember 2012 kritisierte der Medienexperte Hans-Peter Siebenhaar die geplante Zwangsabgabe im Focus wie folgt:

> *„In Zukunft müssen alle Bürger für ARD, ZDF und Deutschlandradio zahlen – mit Ausnahme der Taubstummen. Sie müssen zahlen unab-*

hängig davon ob sie die Angebote von ARD und ZDF [...] nutzen. Das ist ein sehr grundsätzlicher Systemwechsel. Denn über Jahrzehnte war es so, wer keinen Fernseher oder Radio besessen hatte, musste weniger oder sogar gar nichts zahlen.
[...] Die Haushaltsabgabe, oder besser gesagt die ARD/ZDF-Steuer, ist unfair. Bei der katholischen oder evangelischen Kirche kann jeder austreten, wenn er den Glauben an den lieben Gott verloren hat. Bei ARD und ZDF muss hingegen künftig jeder Haushalt bis zum St. Nimmerleinstag zahlen."[1]

Von Anfang an beschlich mich auch ein ungutes Gefühl, denn der neue Zwangsrundfunk-Beitrag erschien mir unlogisch und undemokratisch. Warum soll ein Mensch zur Finanzierung des Rundfunksystems herangezogen werden, wenn dieser den Rundfunk nicht nutzt und diesen obendrein noch ablehnt?

Jetzt fing ich an, mich intensiver mit dieser Thematik auseinanderzusetzen und stellte fest, dass 90 Jahre lang ein sogenanntes **voraussetzungsbezogenes Prinzip** in Deutschland, sowohl in der Bundesrepublik, als auch in der ehemaligen DDR existierte. Das bedeutete, dass nur dann für den Rundfunk bezahlt werden musste, wenn man auch ein Empfangsgerät hatte. Mit anderen Worten, nur derjenige musste zahlen, der auch ein Rundfunk- oder Fernsehgerät besaß. Sogar im Dritten Reich galt diese Regelung.

In den letzten Jahren ist sehr viel passiert, immer mehr Menschen entwickelten ein kritisches Bewusstsein gegenüber den öffentlich-rechtlichen Sendern. So hatte die Zahl der Anmeldungen in den letzten Jahren rasant abgenommen. Das hatte zur Folge, dass die „ewig-sprudelnde-Geldquelle" der Rundfunkanstalten langsam zu versiegen drohte. Man entwickelte einen raffinierten Plan mit dem Ziel eines Zwangsbeitrags, damit es zukünftig für die Bürger kein Entrinnen mehr gibt.

Mit dem Zwangsbeitrag für uns alle kam auch die Umbenennung der höchst unbeliebten Gebühreneinzugszentrale (GEZ) in „Beitragsservice ARD ZDF Deutschlandradio". Das Wort „**Beitragsservice**" wurde bewusst gewählt, um nicht nur der verhassten GEZ ein neues Gewand überzuziehen, sondern damit unter dem neuen Deckmäntelchen auch diejenigen leichter zur Kasse gebeten werden können, die weder Radio noch Fernseher besitzen.

Der Druck nahm jetzt für die Bürger kontinuierlich zu, da angeblich eine Rechtsgrundlage vorhanden sein soll, von jedem Haushalt den Rundfunkbeitrag zu verlangen. Da aber Druck immer Gegendruck erzeugt, haben sich inzwischen immer mehr Bürger bereitgefunden, Zivilcourage zu zeigen, indem sie ihre Zahlung verweigern.

Wunder geschehen

Die Eintreiber des Beitragsservice haben natürlich auch vor mir nicht Halt gemacht. In der Vergangenheit erhielt ich im Schnitt einmal pro Jahr ein Schreiben, was sich aber seit 2013 signifikant erhöht hat, sodass ich nun, Stand August 2016, im Wochentakt Post vom Beitragsservice und der Rundfunkanstalt erhalte.

Die Nötigungsschreiben wurden immer drastischer, bis zur Androhung von Zwangsmaßnahmen, während gleichzeitig bei mir die Frustration wuchs, da das Thema Fernsehen für mich bereits ad acta gelegt war. Aus diesem Grund sah ich die Schreiben als eine lästige Unterbrechung meiner Tätigkeit an, da meine Aufmerksamkeit wichtigeren Themen galt, wie beispielsweise den Nachforschungen zum Thema Barschel und anderen mysteriösen Todesfällen.

Zu dieser Zeit suchte ich zur Verstärkung unseres Teams eine Sekretärin. Ich erhielt diverse Bewerbungen und eine stach besonders hervor. Ein junger Mann bewarb sich für die Stelle als Sekretär und gab als Referenz seinen Kampf gegen den Rundfunkbeitrag an, gegen den er sogar geklagt hatte.

Meine Leser und Abonnenten wissen, dass ich grundsätzlich nicht an Zufälle glaube, sondern die Dinge fallen einem im Leben zu. In meinem Fall kam der junge Assistent genau zum richtigen Moment in mein Leben und konnte mich mit seinen Erfahrungen tatkräftig im Kampf gegen den unrechtmäßigen Rundfunkbeitrag unterstützen.

Jetzt nahm die Sache richtig Fahrt auf, noch im selben Monat bekam ich ein Schreiben, in dem mir angedroht wurde, sollte ich nicht bis zum 1. Juni 2016 meiner Zahlungspflicht von **221,82 Euro** nachkommen, man mich in Erzwingungshaft stecken würde. Als ehemaliger Leistungssportler liebe ich die Herausforderung und bin meinen Trainern sehr dankbar dafür, dass ich dies schon in frühesten Kindheitstagen erfahren durfte.

Mehrfach habe ich in meinen Publikationen und in meinen Reden zur Zivilcourage aufgerufen. Da ich nicht Wein trinke und Wasser predige, wie in der Politik üblich, hatte ich mich dazu entschlossen, meinen Fall publik zu machen. Als Autor des nicht systemkonformen Bestsellers,

„Die Jahrhundertlüge, die nur Insider kennen", stelle ich natürlich eine ideale Zielscheibe für die Leitmedien und ihre Erfüllungsgehilfen dar.

Ich erinnerte mich noch gut an den Fall von Sieglinde Baumert, die 61 Tage wegen des Rundfunkbeitrags im Gefängnis saß. Geschickt wurde ihr Fall durch die Medien in Szene gesetzt, um den Menschen Angst einzujagen. Die Botschaft an die Nichtzahler war: Wer nicht zahlt, kommt in den Knast. Ich setzte mich mit Frau Baumert telefonisch in Verbindung, weil ich wissen wollte, wie es wirklich bei ihr ablief und was mich erwartet, sollte ich wirklich ins Gefängnis kommen. In den Medien wurde Sie als labile Frau dargestellt. Damit ja nicht andere ihrem Beispiel folgen, titelte Welt.de: „Die ‚Gebühren-Rebellin' Baumert taugt nicht als Vorbild".[2] Ich musste selbst am eigenen Leib Diffamierungen durch Mainstreammedien erfahren. Was ich aber erlebte, war eine charakterstarke Frau, die konsequent zu ihrer Überzeug stand. Einen bemerkenswerten Charakterzug, den heute die wenigsten haben.

Was jedoch die wenigsten wissen ist: Sieglinde Baumert hat bis heute keinen Cent an Rundfunkbeiträgen gezahlt. Sie ging nur deswegen ins Gefängnis, weil sie sich weigerte, eine **Vermögensauskunft**[3] abzugeben.

Nachdem der Fall zu große Wellen schlug, wurde sie vorzeitig aus dem Gefängnis entlassen. Erst in zwei Jahren kann der Mitteldeutsche Rundfunk wieder versuchen, Sieglinde Baumert erneut verhaften zu lassen, ob das tatsächlich passiert, dürfte eher zweifelhaft sein.

In meinem Fall sollte ich, wie beschrieben, ab 1. Juni 2016 in Erzwingungshaft, da ich 221,82 Euro als Beitrag für die Lügenpropaganda der öffentlich-rechtlichen Sender nicht gezahlt habe.

Dementsprechend hat mein Sekretär am 19. Mai 2016 beim Vollstreckungsbeamten angerufen und um einen Termin für die Verhaftung gebeten, damit ich auch anwesend bin und er nicht umsonst erscheint. Der Vollstreckungsbeamte wirkte daraufhin sehr unsicher am Telefon und sagte, er würde gerne noch einmal zurückrufen.

Mehr als erstaunt waren meine Mitarbeiter und ich, als er uns endlich zurückrief und mitteilte, dass er nicht kommen könnte. Er gab als Grund an, dass er keine Termine frei hätte und der Weg zu weit wäre. Ob dem wirklich so ist, kann ich nicht bestätigen, da ich in seinen Terminkalender keinen Einblick habe. Das zuständige Amt liegt jedoch nur sieben Kilometer von mir entfernt. Das sollte mit dem Auto in zehn Minuten zu schaffen sein.

Für mich war diese Auskunft mehr als unverständlich, worauf ich ein Schreiben verfasste, in dem ich höflich fragte, wie er denn Parkkrallen an meinem PKW anbringen, mich verhaften oder zwangsweise die Wohn- und Geschäftsräume aufbrechen lassen wolle, wenn er keine Zeit habe und der Weg ihm zu weit sei?

Ich erinnerte mich an ein Zitat von Sun Tsu aus dem legendären Buch *Die Kunst des Krieges: „Wenn du dich und den Feind kennst, brauchst du den Ausgang von hundert Schlachten nicht zu fürchten.*" Jetzt horchte in mich hinein und kam zur Erkenntnis, dass es letztendlich nur ein „Spiel" ist. Da ich jetzt am Zuge war, setzte ich auf meine treuen Leser. Der für mich zuständige Rundfunk Berlin Brandenburg (RBB) sowie sein Erfüllungsgehilfe, der Beitragsservice, waren anscheinend nicht gut über mich informiert. Sonst wüssten sie, dass meine Publikationen monatlich um die dreihunderttausend Menschen erreichen.

Aus diesem Grund entschied ich mich auch dafür, meinen Fall publik zu machen.

Der Artikel „ARD/ZDF: ‚Buchautor Heiko Schrang muss in den Knast!'" vom 20. Mai 2016, verbreitete sich wie ein Lauffeuer im Internet und wurde von vielen alternativen Medien übernommen, zigmal auf Facebook geteilt und insgesamt von knapp einer Million Menschen gelesen. Daraufhin brach eine unbeschreibliche Sympathie-Mail-Lawine über mich herein.

Da waren Menschen dabei, die den Beitrag für mich bezahlen wollten, bloß damit ich nicht ins Gefängnis komme. Sogar kostenloser juristischer Beistand wurde mir angeboten. Andere teilten mir mit, dass sie mich, sollte ich doch in den Knast kommen, dort besuchen werden, aber einen Kuchen mit integrierter Feile mitbringen würden.

Es gab aber auch viele Menschen, die schon lange gegen die GEZ kämpfen und mich mit ihren Erfahrungen unterstützen wollten. Da geschah das nächste Wunder. Olaf Kretschmann, der Star der Verweigererszene[4], der selbst schon vor Gericht gezogen war, ohne dass bisher ein höchstrichterliches Urteil ergangen ist, meldete sich bei mir und bot mir seine Unterstützung an. Was er mir mitteilte, verschlug mir die Sprache und ich war mehr als geschockt, wie dreist wir an der Nase herumgeführt werden. Hinter diesem Betrugssystem stecken nämlich dieselben poltisch-lobbyistischen Kräfte, die auch über die Finanzierungsmechanik, die gesetzlichen Basis und die Aufgabenstellung des Rundfunks in unserer Gesellschaft bestimmen. Mit anderen Worten: Brandstifter, Feuerwehrmann und der ermittelnde Polizist sind ein und dieselbe Person. Der öffentlich-rechtliche Rundfunk ist jedoch Meister im Verschleiern dieser Tatsache. Für einen Außenstehenden ist es daher kaum möglich, sich unabhängig ein Bild von der Gesamtlage zu verschaffen.

Zur Verschleierungstaktik gehört, dass ein angeblich Rundfunkbeitragspflichtiger, zum Beispiel in Brandenburg, zumindest folgende Dokumente in der jeweils aktuellen Fassung kennen muss, um zu bewerten, weshalb er aus Sicht des Gesetzgebers vermutlich abgabepflichtig ist. Normalerweise müssen die Betroffenen sich sogar noch mit den Regelungen des kommunalen Vollstreckungsrechts auseinandersetzen (diese Vorgaben liste ich hier nicht auf), um mögliche Vollstreckungsandrohungen im Kontext von rückständigen Rundfunkbeiträgen zu verstehen:

- Grundgesetz für die Bundesrepublik Deutschland
- Verfassung des Landes Brandenburg

- Telemediengesetz
- Staatsvertrag über den Rundfunk im vereinten Deutschland
- Rundfunkänderungsstaatsvertrag
- Rundfunkbeitragsstaatsvertrag
- Rundfunkfinanzierungsstaatsvertrag
- ARD-Staatsvertrag
- ZDF-Staatsvertrag
- Deutschlandradio-Staatsvertrag
- Staatsvertrag über die Zusammenarbeit zwischen Berlin und Brandenburg im Bereich der Medien
- Staatsvertrag über die Errichtung einer gemeinsamen Rundfunkanstalt der Länder Berlin und Brandenburg
- Satzung des Rundfunk Berlin-Brandenburg
- Satzung des Rundfunk Berlin-Brandenburg über das Verfahren zur Leistung der Rundfunkbeiträge
- Verwaltungsvereinbarung "Beitragseinzug" - Beitragsservice von ARD, ZDF und Deutschlandradio

Persönlich kenne ich niemanden, der einschätzen könnte, ob die Beitragspflicht bei ihm zutrifft, da keinem alle Dokumente sowie deren Inhalt bekannt sind. Außerdem bezweifle ich zutiefst, dass die Politiker in den Landesparlamenten wirklich wissen, was sie eigentlich verabschieden. Es kommt nämlich nicht selten vor, dass Politiker nichts weiter sind, als die zeichnungsberechtigten Schriftführer der politischen Lobby.

Oder mit anderen Worten: „Denn sie wissen nicht, was sie tun". Bekanntes Beispiel hierfür ist der Deutsche Bundestag. Bei vielen Abstimmungen hat man den Eindruck, dass sich dort das Tal der Ahnungslosen befindet, so wie beispielsweise am 29. September 2011 in Berlin. Dort wurde über den EFSF, den Vorgänger des Europäischen Stabilitätsmechanismus (ESM), entschieden, der die finanzielle Stabilität im gesamten Euro-Währungsgebiet sichern sollte. Im Volksmund ist er als „Euro-Rettungsschirm" bekannt. Es ging um 211 Milliarden Euro, für die der deutsche Steuerzahler haftet.[5]

Nach der Abstimmung wurden einige Parlamentarier befragt, wie hoch der deutsche Anteil an den Kreditbürgschaften ist. Die Antworten gingen von: „Das habe ich jetzt nicht auf dem Schirm", „Kann ich ihnen im Detail nicht sagen", „Milliarden?" und einige wussten sich nur mit Raten zu helfen, indem sie sagten: „250 oder 200 Milliarden?" zumindest waren sich alle darüber einig, dass es irgendwie teuer ist.

Warum sollten die Parlamentarier bei der Abstimmung zum Rundfunkbeitragsstaatsvertrag besser informiert gewesen sein, wo es zum damaligen Zeitpunkt nur um 7 Milliarden Euro ging?

Bis heute wird nicht das Volk befragt, ob es die derzeit etablierte Form des Rundfunks und deren Finanzierung in der Mehrheit wünscht bzw. befürwortet. Das ist aber eine Voraussetzung für gesellschaftliche Akzeptanz.

Glaubt man den offiziellen Verlautbarungen, ist der Rundfunkbeitrag ein voller Erfolg mit großer Akzeptanz. Die tatsächlichen Zahlen sprechen jedoch eine ganz andere Sprache. Eine zu Beginn des Jahres durchgeführte Umfrage des Meinungsforschungsinstitutes INSA ergab, dass fast 70 Prozent der Befragten Rundfunkgebühren in Form von Zwangsbeiträgen ablehnen. Jeder Vierte der Gebührengegner begründet seine Haltung übrigens mit einer nicht ausreichend objektiven Berichterstattung vonseiten der Öffentlich-Rechtlichen.[6]

Fakt ist, dass mittlerweile **4,9 Millionen**[7] Menschen den Rundfunkbeitrag als unrechtmäßig empfinden und nicht zahlen. Entsprechend wurden 1,4 Millionen Vollstreckungen eingeleitet und 24 Millionen Zahlungserinnerungen und Mahnungen verschickt. Im Vergleich zu den letzten Jahren haben sich die Zahlen mehr als verdoppelt. Das ist mehr als eine Kampfansage an das Unrechtsystem des öffentlich-rechtlichen Rundfunks. Jeder wird selbst in seinem Umfeld feststellen, wenn er einmal die Probe aufs Exempel macht, dass dort mehr Beitragsverweigerer existieren, als angenommen.

Auch ich bin immer wieder aufs Neue erstaunt, wer alles die Zahlung verweigert. Ich erhalte täglich unzählige Mails von Mitstreitern, die mir bestätigen, dass sie die Zahlungen auch eingestellt haben. Mittlerweile wurde ich sogar im Restaurant an einem Sonntagabend von einer Frau angesprochen. Sie fragte nach, wie es denn in meinem Fall, den sie im Internet verfolgt hat, weitergeht. Sie selbst stand kurz vor der Vollstreckung und erhoffte sich von mir einen Rat.

Dabei fällt mir immer wieder auf, dass die wenigsten wissen, wer tatsächlich hinter dem GEZ-System steckt. Um das zu verstehen, ist aber ein kurzer Exkurs in die Geschichte notwendig.

Wer steckt wirklich hinter den öffentlich-rechtlichen Sendern?

Es ist bekannt, dass nach dem zweiten Weltkrieg die westlichen Besatzungsmächte maßgeblichen Anteil an der politischen Meinungsbildung in Deutschland hatten. Verschwiegen wird dabei gerne die Tatsache, dass der öffentlich-rechtliche Rundfunk eine Erfindung der westalliierten Besatzungsmächte war. Die öffentlich-rechtlichen Anstalten sind durch Vorgabe der alliierten Besatzungsmächte ins Leben gerufen worden. Zum Beispiel durch die Militärverordnung Nr. 118, wodurch der NWDR entstand, (Vorläufer des NDR bzw. WDR). Es versteht sich von selbst, dass es sich hierbei nicht um einen demokratischen Prozess handelte.

Anfänglich diente er vor allem der „Reeducation",[8] sprich der Umerziehung und „Entnazifizierung" des deutschen Volkes. Mit dem Aufkommen des Kalten Krieges bekam er jedoch recht schnell die Funktion, die Werte des „freien Westens" gegenüber dem Kommunismus anzupreisen.

Demzufolge ist es mehr als erstaunlich, dass mit dem Fall der Berliner Mauer 1989 der öffentlich-rechtliche Rundfunk seine Arbeit fortführte und nicht privatisiert wurde. Seine ursprüngliche Aufgabe hatte sich nämlich damit erledigt.[9] In diesem Zusammenhang ist auch der Zwei-plus-Vier-Vertrag von 1990 zu sehen, mit dem Deutschland seine „Souveränität" zurückerlangt hat.

Dennoch begann jetzt erst recht der große gesellschaftliche „Bildungsauftrag" des öffentlich-rechtlichen Rundfunks ganz im Interesse der USA. Dies konnte nur geschehen, da bei den Verhandlungen mit gezinkten Karten gespielt wurde. Mit einem Taschenspielertrick, genauer gesagt, dem „Vertrag zum Übereinkommen zur Regelung bestimmter Fragen in Bezug auf Berlin vom 25. September 1990"[10] wurde die soeben durch den ‚Zwei- plus-Vier-Vertrag' angeblich gewährte Souveränität in vollem Umfang wieder zurückgenommen. Darüber schrieb ich bereits ausführlich im Buch „Die Souveränitätslüge".

Im selben Moment wurde das Besatzungsrecht umfassend wiederhergestellt. Dessen Artikel 2 lautet: „Alle Rechte und Verpflichtungen, die durch gesetzgeberische, gerichtliche oder Verwaltungsmaßnahmen der alliierten Behörden in und in Bezug auf Berlin oder aufgrund solcher Maßnahmen begründet oder festgestellt sind, sind und bleiben in jeder Hinsicht nach deutschem Recht in Kraft, ohne Rücksicht darauf, ob sie in Übereinstimmung mit anderen Rechtsvorschriften begründet oder festgestellt worden sind."

Nach Artikel 4 dieses Vertrages sind zudem alle Urteile und Entscheidungen von alliierten Behörden in oder in Bezug auf Berlin in jeder Hinsicht nach deutschem Recht rechtskräftig und rechtswirksam. Was bedeuten würde, dass Deutschland immer noch ein besetztes Land ist.

Dies zeigt sich unter anderem an der traditionellen Einbindung in transatlantische Netzwerke wie die „**Atlantikbrücke**", die aus dem von der amerikanischen Besatzungsmacht geschaffenen „American Council on Germany" hervorging. ARD und ZDF sind allen voran diejenigen, welche die Aufgaben des Hochkommissariats im Sinne einer „Brücke zwischen dem Nachkriegsdeutschland und der Siegermacht USA" [11] weiter fortführen.

Trotz raffinerter Verschleierungstaktik von Seiten der Politik und der Medien kommt ihr auf Lügen aufgebautes System immer mehr ins Wanken. Dank des Internets hat die Anzahl derjenigen, die ihre Propaganda durchschauen, in den letzten Jahren rasant zugenommen. Momentan ist aber den wenigsten wirklich bewusst, wieviel Macht wir Bürger eigentlich haben, da die kritische Masse bald erreicht ist. Wir müssen nur erkennen, dass wir nicht ein einfacher Tropfen sind, sondern wenn die Tropfen sich alle miteinander verbinden, indem sie alle den Beitrag verweigern, dann kann daraus eine große Welle entstehen, die das bestehende System hinwegspült.

Das ist der wahre Grund, warum das System immer panischer um sich schlägt, da seine „Schäfchen" nicht mehr das tun, was sie tun sollen: Gewünscht ist eine systemkonforme, hypnotisierte Masse, die sich im Dämmerzustand der Fernsehpropaganda mit freundlicher Unterstützung der Politik und Industrie hingibt und brav ihren monatlichen Beitrag zur Propaganda leistet.

Die letzten Geschütze der GEZ-Inquisitoren

Der GEZ-Titanic-Dampfer gibt noch einmal Vollgas, um weiterhin das „Schutzgeld“ von den Bürgern einzufordern. Er versucht dabei den Schein zu erwecken, dass der Eisberg noch nicht gerammt wurde, obwohl das Loch im Schiffsrumpf immer größer wird. Genauer gesagt, im Fall der GEZ ist das Loch bereits 4,9 Millionen Nichtzahler groß.

Man versucht verkrampft den Eindruck zu erwecken, dass alles in Ordnung ist und anstatt die Schwimmwesten auszuteilen, fällt ihnen nichts anderes ein, als die Liegestühle auf dem untergehenden GEZ-Titanic-Dampfer zu verrücken. Trotzdem fährt der sinkende GEZ-Dampfer die letzten Geschütze auf, indem das Drohgebaren zunimmt und immer mehr Beitragsschuldnern mit Haft gedroht wird.

In meinem Fall drohte man mir mit sechs Monaten Gefängnis. Bei genauer Betrachtung kann man aber nur

Unwissende damit einschüchtern, da auf die Masse der Millionen Beitragsschuldner gesehen, dies nicht durchsetzbar ist. Weder gibt es ausreichend Gefängnisse in Deutschland, noch stehen finanzieller Aufwand und Nutzen im Verhältnis, wenn man sich im Detail die Kosten dafür anschaut:

In meinem Fall standen 221,82 Euro Forderung den Kosten gegenüber, die für eine Inhaftierung anfallen würden:

- Circa 400 Euro Gebühren für den Gerichtsvollzieher,
- circa 600 Euro Lohnkosten für zwei Polizeibeamte und den Gerichtsvollzieher,
- circa 93 Euro pro Tag Inhaftierung, gerechnet auf 6 Monate macht 16.554 Euro.

Macht Gesamtkosten von 17.554 Euro![12]

Die Frage stellt sich also, was macht Fernsehen so ungeheuer wichtig für die Eliten, warum wird ein solch immenser Aufwand betrieben, die sinkendende GEZ-Titanic mit allen Mitteln über Wasser zu halten?

Die Droge Fernsehen

Tatsächlich ist das Fernsehen immer noch die liebste Freizeitbeschäftigung der Deutschen, was zur Folge hat, dass ein Durchschnittsdeutscher mit 60 Jahren mehr als 15 Jahre seines Lebens vor dem Fernseher verbracht hat[13]. Wir schenken dem Fernsehen sogar mehr Aufmerksamkeit als persönlichen Beziehungen, die häufig noch nicht einmal 15 Jahre halten.

Selbst bei der Einrichtung des Hauses oder unserer Wohnung nimmt die Droge Fernsehen in der Regel eine dominante Stellung ein. Mehr noch – in Möbelhäusern wird die Wohnzimmereinrichtung sogar nach dem Standort des Fernsehers ausgesucht. Aufgrund der massiven Propaganda, die über Jahre hinweg in die Köpfe der Menschen eingetrichtert wurde, ist eine Art der Uniformierung im Außen zu sehen. Das ist natürlich auch den Initiatoren der Rundfunkbeitrags-Zwangsgebühr bewusst, die wie eine Art Dealer ihre Konsumenten mit der Droge Fernsehen versorgen.

Und wie ein Kokain-Abhängiger seinem Dealer Geld zahlt, so zahlen auch die Fernsehkonsumenten. Das Problem für das untergehende GEZ-System ist, dass immer mehr Abhängige auf kalten Entzug gehen, da sie merken, dass die Droge ihnen nicht guttut. Aus diesem Grund sollen jetzt alle an den „Drogendealer" zahlen, da er weiterhin seinen Lebensstil auf hohem, luxuriösem Niveau fortführen möchte.

Nebenbei wurde die Droge in den letzten Jahren immer mehr gestreckt, sodass mindestens 35 Prozent aller Sendungen im öffentlich-rechtlichen Fernsehen Wiederholungen sind.[14] So wurde von 1997 bis 2013, also innerhalb von 16 Jahren die Komödie, *Ein Fisch namens Wanda* alleine 46mal ausgestrahlt[15] und das ist nur ein Beispiel von vielen.

Bei den Konserven, die in Dauerschleife aus den Kellern der Landesrundfunkanstalten herausgeholt werden, ist das Verfallsdatum schon längst abgelaufen. Dafür hat jeder Haushalt in Deutschland monatlich knapp 18 Euro zu zahlen. Dabei kommt jährlich die stolze Summe von insgesamt **8,3 Milliarden Euro für ARD, ZDF und Co.** zusammen.[16]

Zum Vergleich: Das Bundesministerium des Inneren, das wichtige Aufgaben wie Kriminalitätsbekämpfung und Grenzschutz zu erfüllen hat, konnte 2016 nur auf 7,8 Milliarden[17] aus Steuergeldern zurückgreifen. Daran erkennt man, dass es für die Verantwortlichen deutlich wichtiger ist, die Bürger vor dem Fernseher abzulenken, als sie vor Kriminalität und illegaler Einwanderung zu schützen.

Selbst die Bekämpfung von Kinder- und Altersarmut in Deutschland, die in den letzten Jahren rasant gestiegen ist, hat im Vergleich zum Fernsehen keine hohe Priorität.[18]

Noch erstaunlicher werden die Beitragseinnahmen von 8,3 Milliarden Euro jährlich, wenn man bedenkt, dass dies mehr ist, als das Bruttoinlandsprodukt von Moldawien.[19] Es gehört zwar eher zu den kleineren Ländern, aber es verfügt neben den 18 Universitäten und Hochschulen über eigene Streitkräfte, Krankenhäuser und verschiedene Museen und stellt für alle Kinder des Landes Schulplätze zur Verfügung.

Daher kann man sich nur wundern, dass die Rundfunkanstalten den Bürgern und Unternehmen jährlich 8,3

Milliarden Euro abpressen und dabei nicht mehr bieten als Wiederholungen, Serien und schlecht recherchierte Nachrichten.

Warum aus dem Rundfunkbeitrag die Demokratieabgabe wurde?

Die Meinungsmacher behaupten hartnäckig, dass ARD und ZDF unverzichtbar für unsere Demokratie sind. Obendrein vertreten sie die Meinung, dass der Bürger sich nur durch das Fernsehen objektiv und unabhängig politisch informieren kann.

So schreibt zum Beispiel der Deutsche Gewerkschaftsbund (DGB) in einer Presserklärung:

> *„Der öffentlich-rechtliche Rundfunk in Deutschland hat in den vergangenen Jahrzehnten entscheidend zur politischen Meinungsbildung, zur Festigung der Demokratie und zum gesellschaftlichen Leben in Deutschland beigetragen."*[20]

Wie eng die Zusammenarbeit zwischen den Landesrundfunkanstalten und zum Beispiel dem DGB ist, veranschaulicht die gemeinsam verabschiedete "Kölner Resolution zum öffentlich-rechtlichen Rundfunk":

Dort trafen sich im Jahre 1999 Spitzenvertreter von ARD, ZDF sowie dem DGB und legten ihre gemeinsamen, medienpolitischen Positionen in einem Fünf-Punkte-Papier nieder. Darin fordern sie die Beibehaltung der Einheitsgebühr sowie der Mischfinanzierung des öffentlich-rechtlichen Rundfunks aus Gebühren, Werbung und Programmsponsoring.[21]

Spätestens seit dem Skandal um den gewerkschaftseigenen Wohnungsbaukonzern „Neue Heimat" Anfang der 80er Jahre wurde klar, dass DGB-Vorstandsmitglieder sich mehr um ihre eigenen finanziellen Interessen kümmerten, als um die ihrer Gewerkschaftsmitglieder. Es ging sogar so weit, dass sie sich persönlich an den Mietern bereicherten, die in den gewerkschaftseigenen Wohnungen lebten und dadurch dem Unternehmen einen dreistelligen Millionenschaden zufügten.[22] Neben den Gewerkschaften spielen auch die politischen Parteien eine entscheidende Rolle, wenn es um den öffentlich-rechtlichen Rundfunk geht.

Das sieht man daran, dass alle in den Länderparlamenten vertretenen Parteien über Grüne, Linke, SPD, FDP, CDU und CSU einstimmig den aktuellen Rundfunkbeitragsstaatsvertrag verabschiedet haben.[23] Die Gesetzesentwürfe der öffentlich-rechtlichen Sender wurden beinahe widerspruchslos übernommen, was ARD und ZDF natürlich begrüßten.[24]

Allen voran Jörg Schönenborn, Fernsehdirektor des WDR:

> *„Der Rundfunkbeitrag passt gut in dieses Land. Er ist genau genommen eine ‚Demokratie-Abgabe'. Ein Beitrag für die Funktionsfähigkeit unseres Staatswesens und unserer Gesellschaft. Demokratie fußt auf der Urteils- und Entscheidungsfähigkeit ihrer Bürgerinnen und Bürger. Und die ist in einem 80-Millionen-Land nur mittelbar herzustellen, "medial", durch Medien eben."*[25]

Um die Akzeptanz in der Gesellschaft zu erhöhen, führte man demzufolge das Wort „**Demokratieabgabe**"[26] statt Rundfunkbeitrag ein. Gebetsmühlenartig wird von Seiten der Eliten immer wieder behauptet, ohne politische Information durch das Fernsehen könne die Demokratie nicht funktionieren. Mit der „Demokratieabgabe" haben die Initiatoren des Zwangsbeitrags gar nicht so Unrecht. Wie das Wort schon sagt, wurde damit gleichzeitig unsere **Demokratie abgegeben**.

Der Anschein soll erweckt werden, dass von den 17,50 Euro monatlich der Hauptteil in politische Information und Bildung fließe.

Bei genauer Betrachtung sieht es aber völlig anders aus. So kostet das große „Flaggschiff" der öffentlich-rechtlichen Sender, die „Tagesschau", „Tagesthemen" und zugehörige Internetseiten der ARD den Gebührenzahler von seinen 17,50 Euro gerade einmal **25 Cent im Monat**.[27]

Spätestens jetzt müsste es jedem offensichtlich werden, dass es den Verantwortlichen zwar auch um politisch-ideologische Berichterstattung geht, aber in erster Linie heißt ihr Mantra: **„Mehr, mehr Geld!"**

Der Medienexperte Hans-Peter Siebenhaar konstatierte schon 2012:

> *„Es ist ein opulentes und teures System entstanden, das seines Gleichen in Europa sucht. Im System von ARD und ZDF, das die Bürger jährlich mit über 7,5 Milliarden Euro an Rundfunkgebühren finanzieren, hat sich Ineffizienz und Intransparenz breit gemacht. Offenbar werden auf Grund der mangelnden Kontrollen in den Anstalten Vetternwirtschaft*

oder in Einzelfällen sogar Korruption begünstigt.“[28]

Neben den gierigen Intendanten der Landesrundfunkanstalten und den abgehalfterten Politikern in den zahlreichen Gremien, müssen die Jauchs, Klebers und Anne Wills ja alle bezahlt werden. So kostete die Talkshow mit Anne Will die Beitragszahler 3164 Euro in der Minute.[29]

Tom Buhrow, der Intendant des Westdeutschen Rundfunks, verdient stolze **375.400 Euro** im Jahr. Mit diesen hohen Summen steht er nicht alleine da, denn seine Vorgängerin Monica Piel kam auf 314.000 Euro. Dazu kommen noch Nebeneinkünfte, die im Jahr 2012 bei 58.922 Euro lagen. Es folgen Peter Boudgoust, Intendant des SWR mit 309.864 Euro und Ulrich Wilhelm, Intendant des BR mit 309.720 Euro Jahresgehalt.[30] Selbst dem Intendanten von Radio Bremen werden großzügig 246.000 Euro Jahresgehalt hinterhergeschmissen.

Spannend wird, wenn wir uns anschauen, was die „mächtigste“ Frau Deutschlands, Angela Merkel, im Vergleich zu den gerade eben genannten Personen verdient. Es sind laut Wirtschaftswoche nur 16.800

Euro im Monat, was im Jahr bescheidene 218.400 Euro ergibt.[31] Dieses Geschäftsgebaren stößt mittlerweile sogar Richtern auf. Laut einem aktuellen Urteil vom 16. September 2016 des Landgerichts Tübingen, bei dem es eigentlich um die Zwangsvollstreckung gegen einen Rundfunkbeitragsverweigerer ging, heißt es:

> *„Die Bezüge des Intendanten übersteigen diejenigen von sämtlichen Behördenleitern, selbst diejenigen eines Ministerpräsidenten oder Kanzlers, erheblich."*[32]

Das Kuriose daran ist, dass die Beitragszahler die fürstlichen Gehälter und Pensionen der Intendanten mit ihrem monatlichen Zwangsbeitrag mitbezahlen, die Mehrzahl aber die Buhrows, Piels und Willes überhaupt gar nicht kennt.

Das jedoch ist nur die Spitze des Eisberges, denn am GEZ-Tropf hängen ganze Heerscharen von parasitären Nutznießern, die keinerlei Interesse haben, dass sich irgendetwas ändert. Ganz in deren Interesse sollen die Fernsehzuschauer weiter im Schlafmodus gehalten werden, damit ja keiner dieses System durchschaut.

Deswegen behaupten auch Spötter, ARD und ZDF wären nicht mehr als ein **Selbstbereicherungsladen** mit angeschlossenem Fernsehstudio, da von den 8,3 Milliarden Euro nur ein vergleichsweise bescheidener Teil dem Fernsehprogramm zugutekommt.

Die Kostenverschleierungstaktik

Wie wir gerade gesehen haben, leben die Intendanten, ausgemusterte Politiker, sowie die Darsteller auf der Fernsehbühne wie die Made im Speck von den Zwangsbeiträgen. Ihre wirklichen Honorare werden dabei noch nicht einmal offengelegt. Speziell bei sogenannten „Top-Moderatoren“ läuft im Hintergrund eine Verschleierungstaktik ab, die ihresgleichen sucht.

Ein gutes Beispiel dafür ist das Mitglied der Atlantikbrücke und Kuratoriumsmitglied des Aspen Instituts[33] **Claus Kleber**. Er verdient mehr als sein Chef, der ZDF-Intendant Thomas Bellut, der nach offiziellen Angaben ein Jahresgehalt von 321.860 Euro[34] hat. Das wäre ein Traum für jeden normalen Angestellten oder freien Mitarbeiter, mehr zu verdienen als der eigene Chef, aber die Rundfunkanstalten machen Unmögliches möglich.

In der Rundfunkverweigerer-Szene kursiert die Zahl 700.000 Euro Jahresgehalt für Claus Kleber. Der oben erwähnte Olaf Kretschmann hält diese Zahl für zu hoch.

Seiner Einschätzung nach liegt Klebers Gehalt zwischen 400.000 - 600.000 Euro.[35]

So etwas läuft über einen Sonderhonorar-Vertrag, den nur der Verwaltungsrat kennt, so Kretschmann. Diesen leitet kein Geringerer als der SPD-Politiker **Kurt Beck**, der für diese „ehrenamtliche" Tätigkeit selbstverständlich auch eine fürstliche Aufwandsentschädigung erhält.

Schon als Kurt Beck Ministerpräsident des Landes Rheinland-Pfalz (1994-2013) war, saß das Geld der Steuer- und Abgabenzahler sehr locker. Es wurde circa **eine halbe Milliarde Euro** unter Becks Amtsführung vom Land Rheinland-Pfalz in Freizeit- und Tourismusanlagen an der Rennstrecke des Nürburgrings investiert. Beck hatte damals versprochen, das Projekt werde den Steuerzahler keinen einzigen Euro kosten. Nach dem Motto erst versprochen, dann gebrochen, sah es aber ganz anders aus. Am 18. Juli 2012 musste er erklären, dass sein einstiges Prestigeobjekt, die Nürburgring GmbH in die Insolvenz gehen werde. Trotz der halben Milliarde Investitionssumme wurde der Wert nur auf 120 Millionen Euro geschätzt.[36]

Der jetzige ZDF-Verwaltungsratsvorsitzende Beck gab im Jahr 2012 ein erstaunliches Interview zum Thema

Bürgerbeteiligung, bei der man seine wirkliche Einstellung zu Demokratie und Mitsprache erleben konnte. Ein Mann meldete sich zu Wort und rief: „Wir Bayern bezahlen den Nürburgring."

> *„Der Ministerpräsident drehte sich um - und stauchte den Mann zusammen: ‚Können Sie mal das Maul halten, wenn ich ein Interview gebe? Einfach das Maul halten.' Auf die Antwort des Störers, er sei nur ehrlich, antwortete Beck: ‚Sie sind nicht ehrlich, Sie sind dumm.'"*[37]

Und dieser Kurt Beck wacht wahrscheinlich höchstpersönlich über den Sonderhonorar-Vertrag mit Claus Kleber. Dieses Honorar wird aber nicht den Personalkosten zugeordnet, sondern den Sachkosten, die Technik, Studio und Strom umfassen. Damit muss es in der Statistik nicht extra aufgelistet werden.

Der jährliche Gesamtaufwand für die täglichen Nachrichten und tagesaktuellen Informationsmagazine im ZDF beläuft sich auf rund 104,2 Millionen Euro. Davon entfallen jährliche Kosten für alle heute-Formate (also heute, heute-journal usw.) auf 55,6 Millionen Euro. Der Experte Olaf Kretschmann geht davon aus, dass in diesen Kosten das Honorar von Claus Kleber verrechnet ist. Natürlich gibt es hierfür keine „offizielle" Quelle.

Worüber es Quellen gibt, aber so gut wie nicht berichtet wird, sind die Pensionsansprüche der Führungscliquen in den Landesrundfunkanstalten.

Pensionsansprüche – Ruhestand im Schlaraffenland

Wie wir bereits beschrieben haben, hat der Intendant Tom Buhrow ein Jahresgehalt von 375.400 Euro. Jetzt wird es aber erst richtig spannend, denn der WDR hat gegenüber seinem Intendanten mittlerweile Pensionsverpflichtungen in Höhe von sage und schreibe **3,149 Millionen** Euro, wie aus dem Geschäftsbericht 2014 hervorgeht[38]. Schön für Herrn Buhrow, aber schlecht für die Beitragszahler. Den meisten ist gar nicht bewusst, dass sie durch ihren Zwangsbeitrag die opulenten Pensionen finanzieren.

Diese horrenden Summen sind jedoch kein Einzelfall, sondern die Regel. Tom Buhrows Vorgängerin, Monika Piel bekommt laut WDR-Geschäftsbericht eine Pension im Gesamtwert von 3,181 Millionen Euro. Hierzu zur Rede gestellt, antwortete sie: „Ich habe mein Soll für die Rentenkasse erfüllt."[39]

Wie kann jedoch Frau Piel ihr Soll für die Rentenkasse erfüllt haben, wenn sie eine Pension erhält, da doch Beamte keinen Rentenbeitrag zahlen müssen? Die Frage ist so brisant, dass, wenn man anfängt, hinter die Kulissen zu schauen, man vor einem großen Schild mit der Aufschrift landet: „Vorsicht, Gefahr! Weiterforschen verboten!". Dies ist auch der Grund, warum über diese Thematik Stillschweigen in den öffentlichen Medien herrscht.

Frau Piel, sowie alle anderen Intendanten, sind nämlich Angestellte des öffentlich-rechtlichen Rundfunks und erhalten ganz normal eine Rente. Diese Tatsache, dass sie einerseits die staatliche Höchstrente erhalten, sowie andererseits eine durch den Zwangsbeitrag finanzierte millionenschwere Pension bekommen, ist in ihrer Dreistigkeit kaum zu überbieten.

Bei der ARD sieht es nicht anders aus, dort sitzt gemütlich in der allerersten Reihe ihre Vorsitzende Karola Wille mit einem Jahresgehalt von 275.000 Euro. Laut einem Bericht der „Bild am Sonntag" kann sie sich ihren Altersruhestand mit 17.000 Euro Pension im Monat versüßen.[40] Was die „Bild" und auch alle anderen Medien nicht berichten, ist der Umstand, dass sie und ihre Berufskollegen zu den horrenden Pensionen aber noch zusätzlich die bereits erwähnte normale staatliche Rente erhalten.

Zum Vergleich, Ex-Bundeskanzler Helmut Kohl, der sich in seiner Amtszeit (1969 bis 1998) beschimpfen und mit Eiern bewerfen lassen musste, erhält als Verdienst für seine langjährige Tätigkeit lediglich 12.800 Euro Pension im Monat.[41]

Der Wahnsinn geht aber noch weiter, während der Bankkunde derzeit nur noch 0,3 Prozent Zinsen pro Jahr erhält und man über Negativzinsen für die Bürger nachdenkt, sieht es im Pensionsschlaraffenland von ARD und ZDF völlig anders aus. Beim öffentlich-rechtlichen Rundfunk wachsen die Pensionen automatisch mit den Gehältern. Allein im Jahr 2013 stiegen die Gehälter um 3,7 Prozent. Genauso stiegen auch die Pensionen.[42] Für Ex-Intendantin Karola Wille bedeutete dies, dass sie 7.548 Euro mehr im Jahr erhält.

Wir sprachen bisher nur von den Intendanten. Aber selbst die „ganz normalen Angestellten" sind Nutznießer des parasitären Systems:

> *„Alle ARD-Mitarbeiter kassieren auf ihre üppigen Tarifgehälter eine staatliche Rente.* ***Oben drauf*** *kommt aber das Sahnehäubchen. Eine*

Pension von durchschnittlich 1.658 Euro im Monat. Spitzenreiter beim Pensions-Bonbon ist das ZDF. Dort sind es 2.008 Euro, die zur monatlichen Rente dazu kommen."[43]

In dem Schlaraffenland der Öffentlich-Rechtlichen kommt also selbst für den kleinen Angestellten zu seiner offiziellen Rente eine stattliche Pension dazu. Kein Wunder, warum also selbst aus diesen Reihen keiner ein Interesse daran hat, dass sich hier irgendetwas ändert. Wobei der Durchschnittsrentner, der im Schnitt 1.176 Euro erhält, bis zu seinem Tod den Zwangsbeitrag entrichten muss, um weiterhin die Pensionskassen von ARD und ZDF zu füllen.[44]

Neben der politischen Propaganda sind also die hohen Pensionsansprüche einer der Hauptgründe, warum auch möglichst weiterhin die Bürger zur Ader gelassen werden sollen.

Die Pensionszahlungen der Öffentlich-Rechtlichen erhalten eine zusätzliche Dynamik, wenn man sich die Anzahl der Mitarbeiter anschaut. Es sind circa 30.000 Menschen, die bei ARD und ZDF beschäftigt sind. Bei solchen Zahlen wird so mancher DAX-Konzern blass.

Richtig spannend wird es, wenn wir uns das Durchschnittsalter aller Mitarbeiter anschauen, das bei 49 Jahren liegt.[45] Spätestens jetzt müsste jedem vernünftig denkenden Menschen mit mathematischen Grundkenntnissen klar sein, dass es so nicht funktionieren kann. Wie wir festgestellt haben, steigen die Pensionen immer weiter und das bei den aktuellen Negativzinsen am Markt. Entweder explodiert spätestens 2030 die Pensionsbombe oder die Bürger sind weiter bereit, diesen Wahnsinn zu finanzieren. Die Rede ist dann aber nicht mehr von 17,50 Euro im Monat, sondern von 50 Euro und mehr.

Der aufgeblähte Apparat der Landesrundfunkanstalten hat es mittlerweile sogar geschafft, dass die Pensionsrückstellungen fast so groß sind, wie ihr Jahresbudget. 2012 waren beispielsweise **gut 6 Milliarden Euro** in der berühmt-berüchtigten Pensionskasse.[46] Diese ähnelt immer mehr einem Fass ohne Boden, da es immer mehr Pensionäre gibt und die Pensionsansprüche immer weiter steigen.

So wurden zwischen 2012 und 2014 unfassbare 621 Millionen Euro in die Pensionskasse reingeschaufelt.[47] Deswegen muss die Kasse, koste es, was es wolle, jedes Jahr um hunderte Millionen Euro wachsen, da sonst keine monatlichen Pensionen mehr sprudeln und das System zusammenbrechen würde. [48]

Schließlich wurde im Auftrag der KEF die Unternehmensberatung Mercer angeheuert, Licht in das Dunkel der öffentlich-rechtlichen Pensionszahlungen zu bringen. Vorsichtig spricht dieser Bericht von einer „attraktiven Versorgungslandschaft".[49] Der richtige Ausdruck wäre wohl eher Selbstbedienungsladen, klagt doch der 20. Bericht der KEF über eine „Unterdeckung" bei den Pensionsansprüchen von 2,2 Milliarden Euro.[50] Damit keiner etwas davon bemerkt und weiterhin die monatlichen Beiträge fließen, werden die Zwangsbeitragszahler mit Brot und Spielen abgelenkt. Deswegen richten die öffentlich-rechtlichen Sender ihr Hauptaugenmerk auf sportliche Großereignisse, wie beispielsweise Olympische Spiele und Fußballweltmeisterschaften.

Korruption bei Fifa und IOC mit freundlicher Unterstützung von ARD und ZDF

Die Namensliste mit Korruptionsskandalen bei IOC und Fifa, bei denen Blatter, Platini, Havelange oder Beckenbauer die prominentesten sind, scheint nur die Spitze eines Eisbergs zu sein. Nach diversen Enthüllungen kann sich nun jeder selbst aussuchen, wen er für die korruptere Organisation hält. Fakt ist, die Taschen der Funktionäre von Fifa und IOC sind auf jeden Fall prall gefüllt. Was aber die wenigsten wissen, der Rundfunkzwangsbeitrag spielt hier eine entscheidende Rolle.

Wieviel ARD und ZDF für die Sportübertragungsrechte wirklich zahlen, wird jedoch wie ein Staatsgeheimnis gehütet. Das ist mehr als erstaunlich, da in Deutschland selbst die kleinste Unternehmergesellschaft ihre Zahlen offenlegen muss. Die Bild-Zeitung geht davon aus, dass für die Jahre 2017 bis 2020 ungefähr 1,16

Milliarden Euro für Sportübertragungsrechte ausgegeben werden sollen.[51]

In den Ländern, wo IOC und Fifa aktiv werden, sind sie wie eine Heuschreckenplage, die verbrannte Erde hinterlässt. Neben den Millionen, die in dunklen Korruptionskanälen versickern, werden aber gleichzeitig die Menschenrechte mit Füßen getreten.

Die öffentlich-rechtlichen Sender, die IOC und Fifa mitfinanzieren, geben sich gerne nach außen hin als moralische Instanz und Vorkämpfer für die Rechte der Menschen. Das haben sie sogar in ihrem Staatsvertrag festgelegt. Beim ZDF steht folgender Passus:

> *„Das ZDF hat in seinen Sendungen die Würde des Menschen zu achten und zu schützen. Es soll dazu beitragen, die Achtung vor Leben, Freiheit und körperlicher Unversehrtheit, vor Glauben und Meinung anderer zu stärken."*[52]

Letztlich ist diese Selbstverpflichtung nicht das Papier wert, auf dem es steht.

Mit seinem Rundfunkbeitrag ist der Beitragszahler nämlich auch dafür verantwortlich, dass Menschen für einen

Hungerlohn, teilweise als Sklaven, die Stadien und Olympischen Dörfer aufbauen.[53]

Darüber wird natürlich nichts in den öffentlich-rechtlichen Medien berichtet, da ansonsten die Hochglanzkulisse Löcher bekommt, hinter der dann das Elend zutage tritt. Im Spiegel schrieb Jan Fleischhauer hierzu:

> *„Im November 2022 wird die Fußballweltmeisterschaft in Katar eröffnet. Beim Bau der Stadien dürften bis dahin so viele indische Arbeitssklaven vom Gerüst gefallen sein, dass man mit ihren Gebeinen die Ausfahrtstraßen bis nach Abu Dhabi pflastern kann."*[54]

Das alles soll möglichst im Verborgenen bleiben, damit die Bürger sich weiter für die 17,50 Euro im Monat vom Wesentlichen ablenken lassen und nicht auf „dumme Gedanken" kommen. Es könnte sonst nämlich sein, dass sie die Lügenpropaganda durchschauen.

Lügenpresse das Wort des Jahres

Kaum ein Begriff sorgte in den letzten Jahren für so viel Aufregung, wie das in Bezug auf die Ukraine-Berichterstattung aufgekommene Wort **„Lügenpresse“.** Prompt wurde es 2014 von einer „ehrenamtlichen Jury“ aus vier Sprachwissenschaftlern und der ARD-Moderatorin Christine Westermann[55] zum Unwort des Jahres 2014 gewählt.

In der Begründung hieß es: „Bei ‚Lügenpresse‘ handelt es sich um einen nationalsozialistisch vorbelasteten Begriff, der im Zuge der Pegida-Bewegung gezielt Verwendung findet“. Obwohl die Nazikeule sich mittlerweile immer mehr abgenutzt hat, wird Sie trotzdem immer hysterischer von Seiten des Systems geschwungen.

So wird heute, wer von „Lügenpresse“ spricht, entsprechend gesellschaftlich stigmatisiert. Bei der von Netzwerkern[56] geleiteten Online-Enzyklopädie Wikipedia heißt es:

> *„[Der] Begriff Lügenpresse [wird] – zumal in Deutschland – vorrangig von als rechtsextrem*

und rechtspopulistisch, oder auch als fremdenfeindlich und islamophob bezeichneten Kreisen verwendet, zunächst von Teilen der Hooligan-Szene, bekannter seit 2014 als Parole bei den von Dresden ausgehenden Pegida-Demonstrationen sowie bei Demonstrationen der AfD. Hier ist sie mit Gewaltdrohungen und Gewalt gegen Journalisten eng verbunden."[57]

Hier sehen wir wieder das beliebte Spielchen, dass Kritik gerade an den zwangsfinanzierten öffentlich-rechtlichen Sendern nicht erwünscht ist und pauschal in die Nazi-Ecke geschoben wird. Man hofft, dass mit dem Nazivergleich sich die Skeptiker einschüchtern lassen. Diejenigen aber, die sich auf die Suche nach der Wahrheit machen, werden schnell feststellen, dass der Begriff „Lügenpresse" deutlich älter ist, als offiziell behauptet wird. Er kam nämlich bereits im 19. Jahrhundert auf und diente dort der katholischen Kirche als Mittel der Kritik gegen den von Bismarck betriebenen Kulturkampf. Danach fand er im ersten Weltkrieg Verwendung und wurde von den deutschen und österreichisch-ungarischen Zeitungen als Werkzeug zur Kritik an der Berichterstattung der Feindstaaten eingesetzt.

In der Weimarer Zeit nutzten sowohl die sozialistische- und kommunistische Arbeiterbewegung, als auch die Nationalsozialisten den Begriff „Lügenpresse", um die gegnerische Propaganda zu denunzieren. Während des Zweiten Weltkriegs wiederum verwendeten Kritiker des nationalsozialistischen Systems das Wort, um die gleichgeschalteten Medien bloßzustellen. Nach 1945 fand der Begriff gelegentlich in der DDR Verwendung, um gegen die Westmedien prägnant Stellung zu beziehen.[58]

Auch im Westen wurde damals „Lügenpresse" durch Aktivisten der 68er Studentenbewegung genutzt, um gegen die als einseitig empfundene Berichterstattung des Springer-Konzerns aufzubegehren und Stellung zu beziehen.

Wer also das Wort „Lügenpresse" als spezifisch „nationalsozialistisch vorbelasteten Begriff" bezeichnet, nur, weil er sich explizit gegen die Berichterstattung der öffentlich-rechtlichen Zwangssender und der Leitmedien richtet, lügt und begeht damit genau jene einseitige Diffamierung, die er den Medien-Kritikern vorzuwerfen sucht.

Mehr noch, ihre eigene Lügenpropaganda hat in den letzten Jahren enorm zugenommen und scheint mittlerweile nach dem Motto zu laufen „je größer die Lüge, umso mehr Menschen glauben ihr". Den öffentlich-rechtlichen Sendern, die als PR-Abteilung der Politik agieren, ist dabei aber entgangen, dass immer mehr Menschen ihr Spiel durchschauen und in immer kürzeren Abständen eine Lüge nach der anderen auffliegt. Sie selbst aber tun so, als ob nichts passiert wäre und setzen dabei unbeirrt ihren Kurs fort.

Einstein sagte einmal: „Wahnsinn ist, immer wieder das Gleiche zu tun und andere Ergebnisse zu erwarten."

Unter diesen Gesichtspunkten könnte der Eindruck aufkommen, dass bei den Entscheidungsträgern der öffentlich-rechtlichen Zwangssender eine Gruppe von Wahnsinnigen am Werk ist. Sie sind vergleichbar mit kleinen Kindern die beim Versteckspiel ihre Hände vor das Gesicht halten, in der Hoffnung, nicht entdeckt zu werden.

Die Propaganda-Tricks der Öffentlich-Rechtlichen

Falsche Bilder, inszenierte Szenen sowie manipulativ geschnittene Sequenzen, gehören zu den Zutaten, aus denen der politisch-propagandistische Einheitsbrei der öffentlich-rechtlichen Medien zusammengerührt wird. Kein Mittel scheint den Sendern zu schade zu sein, um in den Köpfen der Zuschauer die gewünschte Gesinnung und die Bereitschaft, Kriege mitzutragen, zu erzeugen.

Hier eine kleine Auswahl:

1. Lichterkette für Flüchtlinge quer durch Berlin

Die „Tagesschau" berichtete am 17. Oktober 2015 über eine von der SPD, den Gewerkschaften, der Partei Bündnis 90 / Die Grünen und anderen großen Institutionen organisierten Lichterkette für Flüchtlinge. Ziel der Initiatoren war die Errichtung einer durchgängigen Menschenkette quer durch Berlin.

Doch statt der erwarteten 30.000 Personen kam nur ein Bruchteil. So wurde nichts aus der erhofften Menschenkette, was aber für die ARD kein Problem darstellte. Sie griff einfach in ihre Trickkiste und half mit altem Material aus dem Jahre 2003 aus. Die eingespielten etwa drei Sekunden langen Archivaufnahmen vermittelten den Eindruck, es hätten deutlich mehr Personen an der Lichterkette teilgenommen. Damals nahmen mehr als 100.000 Menschen an einer Demonstration gegen den Irak-Krieg teil.[59]

2. Russische Panzerkolonnen in der Ukraine – kleine Lüge, große Wirkung

Der Westdeutsche Rundfunk behauptete auf seiner Webseite im August 2014, russische Truppen und Panzer würden in der Ostukraine kämpfen und sendete gleichzeitig das Bild einer vorrückenden Panzerkolonne. Im Bildtext hieß es dazu: „Russische Kampfpanzer fahren am 19. August 2014 noch unter Beobachtung von Medienvertretern in der Ukraine." Betitelt war der WDR-Artikel mit der

Zeile: „Russland auf dem Vormarsch?" und „Russische Soldaten sollen weit ins Land eingedrungen sein."[60] Tatsächlich stammte das Bild aber aus dem Jahr 2008, genauer gesagt aus dem Kaukasus und zeigt russische Truppen bei einem Militärmanöver. Der dpa-Bilderdienst Picture Alliance hatte das Foto in seiner Datenbank mit der eindeutigen Bildunterschrift versehen: „Russian Armoured Personnel Carriers and tanks leave their position outside Gori, Georgia, 19 August 2008."[61] Der Sender n-tv verwendete bereits 2009 dasselbe Foto auf seiner Internetseite, um das russische Militärmanöver „Kaukasus 2009" zu illustrieren.

Der Intendant des Westdeutschen Rundfunks, Tom Buhrow, den wir bereits im Buch erwähnt haben, hatte in diesem Zusammenhang im Oktober 2014 eine Programmbeschwerde wegen der Verwendung eines falschen Panzer-Bildmotives zur Illustrierung des Ukraine-Konflikts zurückgewiesen. Von einem „Rechtsverstoß gegen das allgemeine Wahrheitsgebot [sei] nicht auszugehen", so der Intendant.[62]

3. Charlie Hebdo, die Tricks der Bildfälscher

Nach dem Anschlag auf die französische Satirezeitung „Charlie Hebdo" überschlugen sich die offiziellen Stellen mit Sympathiebekundungen. Der Slogan entstand: „Wir sind Charlie".[63] Nur vier Tage später ging ein Bild um die Welt, das die führenden Staats- und Regierungschefs in Paris zeigte, wie sie gemeinsam einen mehrere hunderttausend Menschen umfassenden Demonstrationszug anführten. Das Bild vermittelte den Eindruck, die Spitzenpolitiker seien ein unmittelbarer Teil der Menschen, die in Paris gegen den Terror demonstrierten. Vorne mit dabei Angela Merkel, die Arm in Arm mit den anderen Staatschefs vor den Demonstranten einherschritt. Natürlich inszenierten die öffentlich-rechtlichen Sender dieses Bild, um die emotionale Verbundenheit der Regierenden mit der Bevölkerung zu demonstrieren: „Die politische Weltelite auf der Straße – Seite an Seite mit dem Volk," hieß es im ZDF. In der ARD kommentierte beispielsweise Jan Hofer: „Seite an Seite im Gedenken an die Opfer der Anschläge von Paris. Mehr als 40 Staats- und Regierungschefs haben heute an dem Trauermarsch teilgenommen."[64]

Das ZDF heute titelte: „Mehr als eine Million Menschen gedenken in Paris der Anschlagsopfer und senden ein

Signal der Einigkeit. Sie marschieren für Meinungsfreiheit und Toleranz und gegen den Terror. Unter ihnen Arm in Arm: Staats- und Regierungschefs aus aller Welt."

Und die ARD Tagesthemen bliesen ins selbe Horn: „Solidarisch und geschlossen unter den Millionen: 40 Staats- und Regierungschefs aus aller Welt. Auch sie wurden zu Demonstranten. Diese Bilder aus Paris sprechen für sich."[65]

Leider haben die Chefpropagandisten nicht damit gerechnet, dass unzählige entlarvende Fotos von umliegenden Dächern mit Handys aufgenommen wurden, die ein ganz anders Bild zeigten. Dort sah man zwar die circa 40 Staatchefs, aber von dem großen gemeinsamen Demonstrationszug war weit und breit nichts zu sehen. Mehr noch, die Teilnahme der Politiker war nur inszeniert und ganz frech ins Bild rein retuschiert.[66]

4. Falsches Video rechtfertigt Krieg in Syrien

Am 15. April 2012 zeigte die ARD Tagesschau über Homs in Syrien ein Video, das als Beweis gebracht wurde, dass die syrische Armee den Friedensplan nicht einhält. Es wurde berichtet, dass bei diesen Kampfhandlungen angeblich drei Menschen getötet worden seien. Noch am selben Tag brachte das ZDF heute-journal dasselbe Video, diesmal angeblich aus Kabul, Afghanistan. Dort wurden diesmal die Taliban beschuldigt, unschuldige Menschen getötet zu haben. Dasselbe Video, nur eine völlig andere Berichterstattung. [67]

Die Liste der Falschmeldungen und manipulativ geschnittenen Sequenzen, die in den öffentlich-rechtlichen Medien verwendet werden, ist endlos und würde den Rahmen dieses Buches sprengen.

Peter Scholl-Latour brachte es 2014 auf den Punkt: „Wir leben in einem Zeitalter der Massenverblödung, besonders der medialen Massenverblödung."[68]

Beispiele für die Verstrickung von Politik und öffentlich-rechtlichen Medien

Die Verstrickung von Politik und öffentlich-rechtlichen Medien hat eine lange Tradition, da namhafte Journalisten und Publizisten ungehindert zwischen öffentlich-rechtlichen Rundfunkanstalten und der Politik hin und her wechseln können. Offiziell wird bis heute hartnäckig den Bürgern eingeredet, dass es sich hier um politisch unabhängige Medien handelt.

Hier eine kleine Auflistung derjenigen, die beim ZDF in den verantwortlichen Positionen sitzen und gleichzeitig einer Partei angehören:

ZDF

Verwaltungsrat (Geschäftsführung)

Vorsitzender Kurt Beck (SPD eh. Ministerpräsident Rheinland-Pfalz)

Dr. Reinhard Göhner (CDU Politiker)

Hildegund Holzheid (CSU Politikerin)

Hans Georg Koch (CDU Mitglied und ehemaliger Regierungssprecher)

Bernd Neumann (CDU Politiker)

Matthias Platzeck (SPD eh. Ministerpräsident Brandenburg)

Olaf Scholz (SPD Politiker, Hamburg)

Horst Seehofer (CSU Ministerpräsident Bayern)

Michael Sommer (SPD eh. DGB-Vorsitzende)

Stanislaw Tillich (CDU Ministerpräsident Sachsen)

Prof. Dr. Gerd Zimmermann (CDU)

Fernsehrat

Nicola Beer (FDP Landtagsabgeordnete, Hessen)

Dr. Christine Bergmann (SPD Politikerin, ehemalige Bundesministerin)

Prof. Dr. Maria Böhmer (CDU Politikerin, Staatsministerin Auswärtiges Amt)

Wolfgang Bosbach (CDU Politiker, Bundestagsfraktion)

Charlotte Britz (SPD Politikerin, Bürgermeisterin)

Dr. Carsten Brosda (SPD Politiker, Hamburg)

Klaus Brunsmeier (Grünen)

Katrin Budde (SPD Politikerin, Mitglied im Landtag Sachsen-Anhalt)

Eva Christiansen (CDU, leitende Mitarbeiterin und PR Beraterin Angela Merkels)

Hans Jörg Duppré (CDU Politiker, Landrat Rheinland-Pfalz)

Dr. Marc Jan Eumann (SPD Politiker, Staatssekretär)

Dr. Bernd Fabritius (CSU Politiker)

Yasmin Fahimi (SPD Politikerin, Staatssekretärin, Gewerkschafterin)

Cornelia Füllkrug-Weitzel (SPD)

Prof. Dr. Benjamin-Immanuel Hoff (Die Linke, Chef der Staatskanzlei u. Kulturminister Thüringen)

Eva Hubert (Grünen / Grün-Alternative, Politikerin, Hamburg)

Peter Jacoby (CDU Politiker, Saarland)

Dr. Fritz Jaeckel (CDU Politiker, Sachsen, Staatsminister)

Dr. Olaf Joachim (SPD Politiker, Staatsrat Bremen)

Dr. Franz Josef Jung (CDU Politiker)

Reinhard Klimmt (SPD Politiker, Saarland)

Kai Klose (Grünen Politiker, Landesvorsitzender Hessen)

Susanne Krause-Hinrichs (SPD Politikerin, Kleinmachnow)

Dr. Peter Kurz (SPD Politiker, Oberbürgermeister Mannheim)

Christian Lindner (FDP Parteivorsitzender)

Dr. Michael Lohse (CDU)

Lötzsch, Gesine, Dr. (Die Linke, Bundestagsabgeordnete)

Dr. Richard Meng (SPD Senatssprecher, Berlin)

Dr. Jörg Mielke (SPD Staatssekretär, Niedersachsen)

Dr. Angelika Niebler (CSU Politikerin, Frauen Union, Europäisches Parlament)

Thomas Oppermann (SPD Politiker, Bundestagsfraktion)

Oliver Passek (Grünen Politiker)

Dr. Simone Peter (Grünen Bundesvorsitzende)

Ruprecht Polenz (CDU Politiker)

Rainer Robra (CDU, Staatskanzlei u. Minister für Europa- und Medienangelegenheiten Sachsen-Anhalt)

Andreas Scheuer (CSU Generalsekretär)

Wilhelm Schmidt (SPD Politiker, Niedersachsen / Bundestag)

Dr. Eberhard Schmidt-Elsaeßer (SPD Staatssekretär Schleswig-Holstein)

Dr. Rudolf Seiters (CDU Politiker)

Dr. Markus Söder (CSU Politiker, Finanzminister Bayern)

Martin Stadelmaier (SPD Politiker)

Dr. Peter Tauber (CDU Generalsekretär)

Henry Tesch (CDU Politiker)

Erhard Thomas (SPD, Regierungssprecher Brandenburg)

Rainer Wieland (CDU Europaabgeordneter)

Holger Zastrow (FDP Landesvorsitzender Sachsen)

Dr. Pirko Kristin Zinnow (SPD Staatssekretärin, Bundesrat)

Intendant

Thomas Bellut

Das Sozialdemokratische Medienimperium

Wie wir gerade festgestellt haben, existiert eine massive Einflussnahme der Politik bei den öffentlich-rechtlichen Sendeanstalten. Diejenigen die glauben, dass sich ihr Einfluss nur auf ARD und ZDF bezieht, muss ich enttäuschen. Denn die Verflechtungen zwischen Politik und Medien gehen noch weit darüber hinaus. Bei der politischen Propaganda wird nämlich nichts dem Zufall überlassen. Geschickt wird immer noch dem Bürger vermittelt, dass die Pressefreiheit ein sehr hohes Gut in Deutschland sei und man zeigt gerne auf die enorme Vielfalt der Presseerzeugnisse. Die meisten Menschen machen sich aber keine Gedanken darüber, wer hinter den Zeitungen und Zeitschriften steht, die sie regelmäßig konsumieren.

Um nur zwei Beispiele zu nennen. Nur wenigen ist bekannt, dass hinter vielen Tageszeitungen, Anzeigenblättern und privaten Hörfunkunternehmen eine große deutsche Volkspartei steht, die Rede ist von der SPD.

Sie hat, weitgehend unbemerkt von der Öffentlichkeit, in den letzten Jahrzehnten ein umfangreiches Medienimperium aufgebaut, das in der politischen Landschaft Deutschland seines gleichen sucht.

Dies geschieht über die Medienbeteiligungsgesellschaft, die Deutsche Druck- und Verlagsgesellschaft mbH (DDVG) mit Sitz in Berlin und ist im vollständigen Besitz der SPD.[69] Damit sind die Genossen an unzähligen Zeitungen, Zeitschriften, Radiosendern, Fernsehproduktionsgesellschaften sowie an Verlagen und Druckereien beteiligt.

Die schwer zu durchschauenden, indirekten Beteiligungen der SPD über ihre Verlagsholding sind einmalig und suchen ihresgleichen in der politischen Landschaft. Dadurch hat sie beispielsweise Anteile an über 40 Zeitungen mit einer Auflage von ca. 2,2 Millionen verkauften Exemplaren bei einer Gesamtauflage aller deutschen Zeitungen von 21,1 Millionen im Jahr 2006.[70]

Von objektiver Berichterstattung kann daher keine Rede sein, ganz egal ob in Zeitungen oder im Fernsehen, es stehen in der Regel immer politische oder transatlantische Interessen hinter den Medienkonzernen. Es ist also unerheblich, ob Regional-, Tageszeitung oder das Fernsehprogramm, die Tendenz ist immer die gleiche.

Das gilt auch für die Bild-Zeitung. Dort lautet seit Jahren der Slogan: „Bild Dir Deine Meinung". Schaut man sich die Bild-Zeitung genauer an, dann stellt man sehr schnell fest, dass man sich nur eines bilden kann, die vorgefertigte Meinung der Bild-Zeitung.

Einer der seit 1967 in der Unternehmensverfassung des Axel-Springer-Verlags festgelegten Grundsätze lautet nämlich, dass die Mitarbeiter das ‚Transatlantische Bündnis' unterstützen müssen. Über diese Tatsche habe ich ausführlich in meinem Buch „Die Jahrhundertlüge, die nur Insider kennen 2" berichtet. Ich bin aber immer wieder erstaunt, wie viele Menschen das nicht wissen.

Letztendlich läuft aber über die Mainstreammedien im wahrsten Sinne des Wortes ein Glaubenskrieg gegen die Bevölkerung ab. Hier geht es darum, was wir glauben sollen. Es ist aber zu beobachten, dass sich immer mehr Menschen auf alternativen Seiten im Internet informieren. Dort gibt es reihenweise Seiten, die sich noch bemühen, gute journalistische Arbeit zu leisten und auch tatsächlich objektiv berichten.

Auf der anderen Seite stehen Interessensgruppen, die krampfhaft an der Macht festhalten und obendrein noch den Bürger für Manipulation und Propaganda zur Kasse bitten. So ist sogar geplant, wegen des angeblich großen Erfolgs des Rundfunkbeitrags und der rückläufigen Abonnentenzahlen der Leitmedien, einen allgemeinen Kulturbeitrag zu erheben, mit dem die Leitmedien finanziert werden sollen.[71]

Schritt für Schritt entsteht ein auf Zwang aufgebautes Mediensystem, bei dem man zu immer drakonischeren Maßnahmen greift, wie der sogenannten „Zwangsanmeldung", um an das Geld der Bürger zu kommen.

Erwachen

Zivilcourage bedeutet, Opfer zu bringen,
um verhindern zu können,
dass unanfechtbare Wahrheiten
verzichtbare werden.

Gjergj Perluca

(*1944), emer. Prof. für Physik und freier Journalist

Die Zwangsanmeldung

Vor dem 1. Januar 2013 konnte jeder selbst entscheiden, ob er mit seinem Geld die Propaganda-Lügen der öffentlich-rechtlichen Sender finanziert und ihre Pensionskassen mästet. Seit diesem Tag jedoch änderte sich alles für die Bürger. Alle Meldeämter in Deutschland mussten die Daten der Bürger an die Landesrundfunkanstalten übermitteln. Ab da waren die Bürger Freiwild und die Jagd auf Sie wurde eröffnet.

Auch in meinem Fall gab das Meldeamt die relevanten Daten weiter. Ohne mein Wissen und ohne, dass ich zugestimmt hätte, wurde ich durch den Beitragsservice als zahlungspflichtiger Fernsehzuschauer zwangsangemeldet.

Dieser Vorgang ist aus meiner Sicht datenschutzrechtlich nicht korrekt und konnte nur erfolgen durch die monopolistische Macht des öffentlich-rechtlichen Rundfunks.

Der Rundfunkbeitragsstaatsvertrag regelt wer, wann und wie sich ein Rundfunkbeitragspflichtiger anzumelden hat und was passiert, wenn er dies nicht tut. Hier steht aber nicht, dass der Beitragsservice selbst jemanden anmelden darf.

Ich suchte verzweifelt nach der „gesetzlichen" Regelung, dass der Beitragsservice das **hoheitliche Recht** besitzt, diesen Anmeldevorgang vorzunehmen. Ich konnte aber im Rundfunkbeitragsstaatsvertrag keine Vorgaben finden.

Auch in der „Satzung des Rundfunk Berlin-Brandenburg über das Verfahren zur Leistung der Rundfunkbeiträge" fand ich keine entsprechenden Vorgaben. Ich begann noch tiefer zu graben und stieß endlich auf einen Hinweis. Auf Grundlage der **Selbstermächtigungsmöglichkeit** haben nämlich die Intendanten eine „Intendantenentscheidung" getroffen. Diese ermächtigt den bei der Bevölkerung so unbeliebten Beitragsservice, der den Bürgern mit seinen Zahlungsaufforderungen regelmäßig den Briefkasten füllt. Bei dem Wort Selbstermächtigungsmöglichkeit schwang sofort die Energie bestimmter historischer Ereignisse mit, die einen überaus bitteren Nachgeschmack haben. Die Rede ist vom **Ermächtigungsgesetz,** das 1933 die parlamentarische Demokratie in Deutschland ausschaltete und den Weg in die Nazi Diktatur ermöglichte.

Ich suchte weiter, um herauszufinden, wo tatsächlich der Anmeldevorgang beschrieben wird und wurde schließlich auch fündig. Diese Information wurde veröffentlicht im Vorwort des Beitragsservice Geschäftsberichts 2014. Verfasst wurde er durch den Geschäftsführer Dr. Stefan Wolf. Hier heißt es lapidar:

> *„Hintergrund der erhöhten Erträge ist die Ende 2013 getroffene Entscheidung der Intendantinnen und Intendanten von ARD, ZDF und Deutschlandradio, die seit März 2013 von den Einwohnermeldeämtern gelieferten Bestandsdaten volljähriger Bürgerinnen und Bürger umfassend im Sinne der Beitragsgerechtigkeit zu nutzen und im Falle fehlender oder nicht sachdienlicher Reaktionen auf Schreiben des Beitragsservice eine so genannte Direktanmeldung vorzunehmen."*[72]

Nach meinen Recherchen fand dieses Treffen Ende November 2013 in Leipzig statt. Es wurde sogar eine offizielle Pressekonferenz gegeben und eine Pressemitteilung veröffentlicht. Aber die äußerst wichtige

Entscheidung der Intendanten zur Direktanmeldung wurde der Öffentlichkeit verschwiegen. [73]

So wurde wieder einmal eine wichtige Entscheidung, von der alle Bürger betroffen sind, durch einen kleinen elitären Club hinter verschlossenen Türen beschlossen.

Entscheide dich?

Wie wir gerade gesehen haben, läuft die Propaganda des Staatsfernsehens der Bundesrepublik Deutschland auf Hochtouren. Dabei bemerken immer mehr, dass sie bislang Monat für Monat 17,50 Euro für das eigene Umerziehungsprogramm bezahlt haben.

Viel schlimmer ist aber, dass wir mit unserem monatlichen Beitrag auch noch die Kriegspropaganda wie beispielsweise im Fall Irak, Afghanistan, Syrien und der Ukraine mitfinanzieren. Nicht umsonst sagt man, das erste Opfer des Krieges sei die Wahrheit. Erst durch gezielte Lügenpropaganda wird die Bereitschaft für Krieg in den Köpfen der Menschen geschaffen. Wir sollten uns aber bewusst machen, dass wir indirekt mit Verantwortung für die unschuldigen Menschen tragen, die in den zahllosen Kriegen ums Leben kommen.

An dieser Stelle ist es wichtig, selbst eine Standortbestimmung bei sich zu machen. Hier gibt es verschiedene Typen. **Der erste sagt**, ich weiß das alles, aber es ist mir egal und schaut weiter öffentlich-rechtliches Fernsehen. Dann wäre es ehrlich und aufrichtig dazu zu stehen, den Rundfunkbeitrag zu entrichten und sich nicht aus fadenscheinigen Gründen davor zu drücken.

Dann gibt es Menschen, die nach dem Motto leben: „Wasch mich, aber mach mich nicht nass“, in der Hoffnung, dass andere es richten werden. Wenn aber jeder so denkt, wird sich nichts ändern.

Zum Glück gibt es immer mehr Menschen, die derzeit erwachen und sich sagen, ich bin aus **Gewissensgründen** nicht mehr bereit, diesen korrupten Selbstbereicherungsladen mit seiner Kriegspropaganda zu unterstützen. Sie lassen sich nicht mehr einschüchtern von den Drohschreiben der Landesrundfunkanstalten, sowie ihrer Erfüllungsgehilfen und zeigen **Zivilcourage**. Ihre Gewissensgründe sind vielschichtig, dazu gehören:

- Nicht mehr die Korruption und Vetternwirtschaft im Sport z.Bsp. bei der FIFA oder im IOC zu finanzieren.
- Für Sie ist es untragbar, dass bereits acht- bis zwölfjährige Kinder in Sendungen wie ZDF-Logo auf den Krieg vorbereitet werden, indem bei-

spielsweise Russland als der Bösewicht dargestellt wird, gegen den es sich zu verteidigen gilt.[74]

- Kriegspropaganda mit zu unterstützen oder zu finanzieren.
- Vom Wesensprinzip erscheint die Finanzierungsmechanik des öffentlich-rechtlichen Rundfunks undemokratisch. Warum soll ein Mensch zur Finanzierung des Rundfunksystems herangezogen werden, wenn dieser den Rundfunk nicht nutzt, diesen sogar ablehnt?
- Sie fühlen sich in Ihren Grundrechten (Würde, Gewissen, Religion, Gleichbehandlung, informationelle Selbstbestimmung usw.) verletzt.
- Sie besitzen kein Rundfunk- und kein Fernsehgerät.
- Beim öffentlich-rechtlichen Rundfunk gibt es keine parteipolitische oder staatliche Unabhängigkeit.
- Die Gehälter der Intendanten sind zu hoch.

Bei ihnen schwingt ein Idealismus mit, bei dem es nicht um niedere Vorteile geht, wie beispielsweise die 17,50 Euro zu sparen. Dieser Typ Mensch ist auch der, der sich gerne bereit erklärt, für wohltätige Einrichtungen zu spenden.

Ein guter Freund von mir spendet regelmäßig für ein Kinderheim in Berlin. Den Rundfunkbeitrag zahlt er aber aus Gewissensgründen nicht. In seinem Fall teilte er dem Beitragsservice mit, dass er bereit sei, die 17,50 Euro zu zahlen, aber nicht an sie, sondern an das Kinderheim als zusätzliche Spende und ihnen die Quittung vorzulegen. Dies lehnte der Beitragsservice mit der Begründung ab, dass laut Rundfunkbeitragsstaatsvertrag jeder verpflichtet sei, den Beitrag zu entrichten. Mein Freund spendet immer noch und außer den üblichen Drohbriefen ist ihm nichts passiert.

Er gehört zu der stetig wachsenden Gruppe, die sagt: **„Es reicht“**, da ihr Gewissen über dem zutiefst ungerechten Zwangssystem steht. Zum Teil erinnert ihre Entschlossenheit an den Boxweltmeister Muhammad Ali, der sich weigerte in den Vietnam Krieg zu ziehen. Für seine Zivilcourage wurde er zu fünf Jahren Gefängnis verurteilt und sein Weltmeistertitel wurde aberkannt. Dennoch war sein Wille ungebrochen und Jahre später wurde er wieder Boxweltmeister.

2016 ist Muhammad Ali leider verstorben. Für mich ist er immer noch ein Vorbild, der seinen Weg gegangen ist und sich nicht von den Mächtigen seiner Zeit einschüchtern ließ. Für uns müsste es ein Leichtes sein, uns gegen das betrügerische GEZ-System durchzusetzen. Im Vergleich zu den Mächten gegen die Muhammad Ali angetreten ist, ist die GEZ nichts weiter als ein kleiner Hinterhofstammtisch. Oder wie Novalis es sagte: *„Siehst Du einen Riesen, so prüfe den Stand der Sonne und gib Acht, ob es nicht der Schatten eines Zwerges ist."*

Im meinem Fall habe ich schon seit langem den öffentlich-rechtlichen Rundfunk als einen Giftzwerg angesehen, der sein Unwesen treibt, was ich nicht mit meinem Gewissen vereinbaren kann.

Härtefallantrag aus Gewissensgründen

Da ich das, was der öffentlich-rechtliche Rundfunk macht, als Buddhist in keiner Weise mit meinem Gewissen vereinbaren kann, zahle ich, wie bereits erwähnt, auch keinen Rundfunkbeitrag. Daher habe ich nach § 4 Abs. 6 Satz 1 des Rundfunkbeitragsstaatsvertrages einen Härtefallantrag aus Gewissensgründen gestellt.

In seinem Urteil vom 12. Dezember 2012 hat das Bundesverfassungsgericht nämlich festgestellt (BvR 2550/12), dass die Bürger einen Härtefallantrag auf Befreiung bei der zuständigen Landesrundfunkanstalt stellen müssen, wenn sie sich in ihren Grundrechten (z. Bsp. Meinungsfreiheit, Gewissensfreiheit und Religionsfreiheit) verletzt sehen.

Die Landesrundfunkanstalten und der Beitragsservice haben eine gute Ausrede, warum sie den Bürger nicht zur Härtefall-Befreiungsmöglichkeit aufklären. Auf Seite 2017 des Buches „Beck'scher Kommentar zum Rundfunkrecht" kann jeder den Hinweis dazu finden. Wie heißt es dort so schön:

> *„Auf die Möglichkeit einer Befreiung in besonderen Härtefällen muss die Rundfunkanstalt im normalen Antragsformular nicht hinweisen, vielmehr muss der Bürger die ihm gesetzlich zustehenden Ansprüche selbst erkennen bzw. sich die entsprechende Kenntnis verschaffen."*

Wer schreibt solch eine juristische Interpretation? Ach ja, Herr Gall (Stellvertretender Justitiar a.D., Bayerischer Rundfunk) zusammen mit Herrn Sieckmann (Justitiariat, Norddeutscher Rundfunk). Für wie glaubwürdig kann man solche Worte halten?

Meinen „gesonderten Antrag" richtete ich direkt an die Intendantin des RBB, mich aufgrund meines „besonderen Härtefalls" von der Rundfunkbeitragspflicht mit sofortiger Wirkung zu befreien.

Ich nutzte diese Art der Befreiung, um meine innere Gewissensnot abzuwehren, die entstehen würde, wenn ich zur Finanzierung gemäß RBStV § 1 selbst beitrage. Damit löste ich den mir garantierten Schutz laut Grundgesetz Art. 4 ein.

Der Intendantin habe ich meine individuelle Betroffenheit und die bei mir bestehende innere Gewissensnot aufgezeigt.

Aus der Sicht eines Buddhisten wird das Rad der Wiedergeburt dadurch in Gang gesetzt, dass man seine Gedanken von Hass, Neid und Gier bestimmen lässt. Diese drei quasi Todsünden werden tagtäglich durch den Rundfunk zelebriert. Da das Unterbewusstsein kritiklos ist, was jeder Wissenschaftler bestätigen kann, nimmt es anders als der Verstand, ungefiltert alles auf.

Berichte über Mord, Totschlag und Krieg gehören zum Tagesgeschäft des Rundfunks. 95 Prozent der Meldungen sind lebensverneinend. Als praktizierender Buddhist fühle ich mich vergewaltigt, dieses Programm zu finanzieren und damit entsteht ein innerer Gewissenskonflikt, den ich abwehren muss. Die oben genannten Gründe sind Teil meines Härtefallantrags aus Gewissensgründen.

Es ist für mich unerträglich zu sehen, dass bereits Kinder auf einem zielgruppenspezifischen Kommunikationskanal wie KIKA zum Krieg vorbereitet werden, indem beispielsweise Russland als der Bösewicht dargestellt wird, gegen den es uns zu verteidigen gilt.

Auch Missgunst, Korruption, Vetternwirtschaft bin ich nicht bereit mitzufinanzieren (Fifa, KIKA-Skandal usw.).

Um es hier klar aufzuzeigen, es geht mir nicht um die Qualität einzelner Sendungen oder Programmangebote, sondern darum, dass ich keinen persönlichen Anteil in Form einer finanziellen Abgabe tragen kann und will, um eine Institution bei der Schaffung und Auslebung ihrer strukturellen Gewalt zu unterstützen.

Ich forderte die Intendantin daher nachdrücklich auf, mich umgehend von der Rundfunkbeitragspflicht rückwirkend zum Zeitpunkt der Direktanmeldung durch den Beitragsservice zu befreien.

Außerdem wies ich sie darauf hin, dass durch den Rundfunkbeitrag meine Grundrechte eingeschränkt werden. Das betrifft insbesondere Artikel 4 GG (Gewissensfreiheit und ungestörte Religionsausübung) sowie Artikel 5 GG (Meinungsfreiheit)[75].

Letztendlich sollte jeder selber entscheiden, ob er auch aus Gewissensgründen einen Antrag stellen möchte. Sollte er dies tun, muss ihm klar sein, dass diese Empfehlungen **Konsequenzen für ihn haben werden, die er selbst tragen muss.** Die Ausführungen in diesem

Buch stellen keinerlei Rechtsberatung dar und geben ausschließlich meine persönliche Meinung wieder.

Wenn Sie meinen Ausführungen folgen würden, ist das aus der Sicht des Staates so, als würde ich sagen: „Gehen Sie über die rote Ampel!" und Sie tun es. Meiner Sicht nach zeugt es aber von Zivilcourage, den Rundfunkbeitrag aus Gewissensgründen nicht zu zahlen. Aus Sicht des Staates ist das nicht zulässig. Es kann aber in Notfällen durchaus notwendig sein, bei Rot rücksichtsvoll aber schnell über die Ampel zu gehen, um die demolierte bzw. verdrehte Demokratie in die Notaufnahme zu bringen.

Anleitung zur Befreiung aus Gewissensgründen

Jetzt befinden wir uns an einem Scheidepunkt, wo jeder für sich selbst entscheiden kann, ob er sich sagt, ist ja interessant das alles zu erfahren, aber ich zahle lieber meine 17,50 Euro und habe meine Ruhe. Denjenigen sage ich an diesem Punkt danke, dass Sie bis jetzt aufmerksam mein Buch gelesen haben.

Allen anderen, die sich entschieden haben, meinem Beispiel zu folgen und ebenfalls den Weg der Zivilcourage gehen wollen, sage ich ein herzliches Willkommen! Ihr seid jetzt Teil unserer immer größer werdenden Gemeinschaft!

Seht die jetzt folgenden Anregungen als Vorschläge eines Freundes an.

Beginnen werden wir jetzt mit dem Härtefallantrag aus Gewissensgründen.

Anbei habe ich Euch den Antrag eines Herrn Mustermann aus Musterstadt abgedruckt. Das entspricht zum größten Teil meiner Vorgehensweise. Dies kann als Anregung dienen, auf eigene Verantwortung einen solchen Antrag bei der zuständigen Landesrundfunkanstalt zu stellen.

(Aktualisierte Versionen der Musterschreiben, findet ihr auf unserer Seite www.macht-steuert-wissen.de.)

Frau Musterfrau
Musterstr. 21
76543 Musterstadt

An die zuständige Landesrundfunkanstalt

Musterstadt, 27. Januar 2016

Beitrags-Nummer: XXX XXX XXX

Gesonderter Antrag auf Befreiung von der Rundfunkbeitragspflicht in einem "besonderen Härtefall" entsprechend RBStV § 4 Abs. 6 Satz 1

Hiermit beantrage ich die Befreiung von der Rundfunkbeitragspflicht nach § 4 Abs. 6 RBStV aus religiösen und Gewissensgründen. Ich folge darin der Anweisung des Bundesverfassungsgerichtes in seiner Ablehnungsbegründung einer Verfassungsbeschwerde (1 BvR 2550/12 vom 12.12.2012):

»Zudem ist er gehalten, zunächst die Befreiung von der Beitragspflicht zu beantragen. Nach § 4 Abs. 6 Satz 1 des Rundfunkbeitragsstaatsvertrags hat die Landesrundfunkanstalt in besonderen Härtefällen auf gesonderten Antrag von der Beitragspflicht zu befreien. Satz 2 der Vorschrift nennt zwar ein Bespiel eines Härtefalls, enthält jedoch keine abschließende Aufzählung, so dass andere Härtefallgesichtspunkte ebenso geltend gemacht werden können. Es ist jedenfalls auch nicht von vornherein ausgeschlossen, dass der Beschwerdeführer mit einem solchen Härtefallantrag, bei dem er seine religiöse Einstellung und seine gesamten Lebensumstände darlegen könnte, eine Beitragsbefreiung erreichen kann«. (a.a.O. S. 4, 2. Absatz)

Ich gehöre einer / keiner Religionsgemeinschaft an und bin dennoch oder vielleicht gerade deshalb ein zutiefst religiöser Mensch, der versucht, eigene Einsichten und höheren Erkenntnisse im praktischen Leben umzusetzen und darin meinem Gewissen zu folgen.

Seit mehr als ... Jahren besitze ich kein Fernseh- und Rundfunkempfangsgerät und werde auch für den Rest meines Lebens darauf verzichten. Ich tue dies aus bewusster Überzeugung, um mich im Alltagsleben vor den von Ihnen verbreiteten Falschinformationen und Ihrer einseitigen Stimmungsmache so gut es geht, zu schützen.

Der Verzicht nicht nur auf Fernsehen, sondern generell auf alle Medienangebote, die von Ihnen ausgehen, ist für mich eine Grundvoraussetzung, um eine religiöse und gewissensgemäße Ausrichtung des Lebens überhaupt in Erwägung ziehen zu können.

In Artikel 4 des Grundgesetzes Abs. 2 heißt es:

„Die ungestörte Religionsausübung wird gewährleistet."

In diesem Zusammenhang kann ich es nur als Hohn empfinden, dass ich seit 1.1.2013 per Gesetz dazu verpflichtet sein soll, durch einen Rundfunkbeitrag ein faktisch halbstaatliches Medienimperium finanziell zu unterstützen, dessen Aussagen zu Religion, Politik und Gesellschaft völlig konträr zu meinen tiefsten religiösen- und Gewissensüberzeugungen sind.

Ich kann dies nur als einen böswilligen Angriff auf mein Recht auf ungestörte Religionsausübung empfinden und sehe mich hierdurch in meiner Gewissenfreiheit und Religionsfreiheit eingeschränkt. Dies stellt für mich eine besondere Härte dar, die ich nicht zu tragen bereit bin.

Dass ich den öffentlich-rechtlichen Rundfunk zwangsweise finanzieren muss, ohne Rücksicht auf die Tatsache, dass dieser in seiner veröffentlichten Meinung meine religiösen und weltanschaulichen Gefühle verletzt, verstößt auch gegen das in Artikel 4, Absatz 2 des Grundgesetzes festgeschriebene unverbrüchliche Recht:

„Die Freiheit des Glaubens, des Gewissens und die Freiheit des religiösen und weltanschaulichen Bekenntnisses sind unverletzlich."

Darüber hinaus verstößt der Zwangsbeitrag zur Finanzierung der von Ihnen veröffentlichten Meinung gegen das in Artikel 5 Absatz 1 GG festgeschriebene Recht auf negative Meinungsfreiheit. Dieses Grundrecht legt fest, dass niemand gegen seinen Willen dazu gezwungen werden darf, die Meinung anderer zu teilen, indem er sie zum Beispiel finanziert. Doch genau hierzu zwingen Sie mich, indem ich den von Ihnen geforderten Rundfunkbeitrag zahlen soll.

Ich gehe daher davon aus, dass Sie das Grundgesetz achten und mich entsprechend der Vorgaben des Gesetzgebers aus Härtefallgründen von der Finanzierung der von Ihnen veröffentlichten Meinung befreien werden.

Mit freundlichen Grüßen
Herr Mustermann

„Überlebens-ABC" öffentlich-rechtlicher Rundfunk

Ihr habt den Rundfunkbeitrag aus Gewissensgründen nicht gezahlt und einen entsprechenden Antrag gestellt. Nun flattert auch schon Post ins Haus. Vom Beitragsservice oder sogar von der Landesrundfunkanstalt.

In der nun folgenden Auseinandersetzung um den Zwangsbeitrag, gilt folgendes „Überlebens-ABC", dass Ihr Euch gut merken solltet:

1. Steckt niemals den Kopf in den Sand, sondern öffnet jeden Brief und bewahrt ihn gut auf.
2. Achtet immer darauf, ob das Schreiben die Wörter „**Bescheid**", „Festsetzungs**bescheid**", „Widerspruchs**bescheid**" sowie das Wort „**Rechtsbehelfsbelehrung**" enthält. Immer dann, wenn diese Wörter auftauchen, wird es „ernst" und Ihr müsst reagieren. Wie Ihr reagieren könnt, wird in den folgenden Abschnitten Schritt für Schritt erklärt.

3. Ein **Bescheid** ist ein sogenannter „Verwaltungsakt". Wenn Ihr einem Bescheid nicht widersprecht, wird er rechtsgültig und kann im Falle eines **Festsetzungsbescheids** durch einen Vollstreckungsbeamten vollstreckt werden.
4. Jeder **Bescheid** enthält eine sogenannte Frist, um Widerspruch einzulegen oder Klage einzureichen. Notiert euch diese Fristen im Kalender.
5. Ganz wichtig: Die GEZ-Sender arbeiten mit allen Mitteln. Verschickt daher alle Schreiben entweder per **Einschreiben oder per Fax.** Ansonsten wird behauptet, das Schreiben wäre nicht angekommen.

Beitragsservice – Service ohne Rechte

Ihr habt den Rundfunkbeitrag nicht gezahlt und einen Befreiungsantrag aus Gewissensgründen gestellt. Da die Geldgier der öffentlich-rechtlichen Sender, wie wir bereits gesehen haben, keine Grenzen kennt, folgt schnell nach den „Kontostandsmitteilungen“ und „Zahlungserinnerungen“ der erste Bescheid.

Gegen diesen Bescheid könnt ihr nun Widerspruch einlegen, aber nicht beim Beitragsservice.

Denn der sogenannte „Beitragsservice ARD ZDF Deutschlandradio“ ist ein „Service“ ohne Rechte. **Jeglicher ernsthafter Schriftwechsel muss deswegen mit den Landesrundfunkanstalten geführt werden.**

Eine Liste der zuständigen Landesrundfunkanstalten nach Bundesländern findet Ihr hier:

Bayerischer Rundfunk
Anstalt des öffentlichen Rechts
Intendant Ulrich Wilhelm
Rundfunkplatz 1 · 80335 München
T 089/ 590 00 5 · F 089/ 590 01 02 99
beitragsservice@br.de

Hessischer Rundfunk
Anstalt des öffentlichen Rechts
Intendant Manfred Krupp
Bertramstraße 8 · 60320 Frankfurt am Main
T 0800/ 744 74 41 · F 069/ 155 33 69
beitragsservice@hr.de

Mitteldeutscher Rundfunk
Anstalt des öffentlichen Rechts
Intendantin Karola Wille
Springerstraße 25 · 04105 Leipzig
T 0341/ 300 59 60 · F 0341/ 300 59 48
beitragsservice@mdr.de

Radio Bremen
Anstalt des öffentlichen Rechts
Jan Metzger
Rothenbaumchaussee 132 · 20149 Hamburg
T 0421/ 246 0 · F 0421/ 246 4 12 00
beitragsservice@radiobremen.de

Rundfunk Berlin-Brandenburg

Anstalt des öffentlichen Rechts

Intendantin Patricia Schlesinger

Masurenallee 8-14 · 14057 Berlin

T 030 / 97 99 3 0 · F 030/ 97 99 3 60 10 9

beitragsservice@rbb-online.de

Südwestrundfunk

Anstalt des öffentlichen Rechts

Intendant Peter Boudgoust

Neckarstraße 221 · 70190 Stuttgart

T 0711/ 929 46 · F 0711/ 929 13 87 8

beitragsservice@swr.de

Norddeutscher Rundfunk

Anstalt des öffentlichen Rechts

Intendant Lutz Marmor

Rothenbaumchaussee 132 · 20149 Hamburg

T 040/ 4156 0 · F 040/ 44 76 02

beitragsservice@ndr.de

Westdeutscher Rundfunk

Anstalt des öffentlichen Rechts

Intendant Tom Buhrow

Appellhofplatz 1 · 50667 Köln

T 0221/220 0 · F 0221/220 4800

beitragsservice@wdr.de

Widerspruch gegen einen Bescheid einlegen

Je nachdem, was für einen Bescheid Ihr nun erhalten habt, hier einige Anregungen:

Festsetzungsbescheid oder Beitragsbescheid

Durch einen Festsetzungs- oder Beitragsbescheid versucht die Landesrundfunkanstalt, einen vollstreckbaren Titel gegen Euch zu erwirken. In einem solchen Bescheid steht, wieviel Geld der Fernsehsender von Euch haben will.

Jetzt könnt Ihr dagegen Widerspruch einlegen und die Aussetzung der Vollstreckung beantragen.

Herr Mustermann
Musterstr. 21
76543 Musterstadt

An die zuständige Landesrundfunkanstalt

Musterstadt, 27. Januar 2016

Beitrags-Nummer: XXX XXX XXX

Widerspruch gegen Ihren Beitrags- bzw. Festsetzungsbescheid vom ...

Antrag auf Aussetzung des Vollzuges gem. § 80 Abs. 4 VwGO, bzw. die aufschiebende Wirkung meines Widerspruches.

Begründung
Mit Schreiben vom ... hatte ich einen Härtefallantrag zur Befreiung vom Rundfunkbeitrag aus Gewissensgründen gestellt. Da hierzu noch keine richterliche Entscheidung in letzter Instanz vorliegt, lege ich hiermit gegen Ihren Bescheid Widerspruch ein und beantrage die Aussetzung des Vollzuges.

Mit freundlichen Grüßen
Herr Mustermann

Widerspruch gegen ablehnenden Bescheid

Ihr habt einen Antrag auf Befreiung aus Gewissensgründen gestellt und einen Ablehnungsbescheid erhalten? Auch hier gilt es zwingend, die angegebenen Fristen zu beachten. Das sind vier Wochen nach Eingang des Schreibens. Sollte der ablehnende Bescheid in einem gelben Umschlag bei Euch eigetroffen sein, man bezeichnet dies als „förmliche Zustellung", ist auf dem Umschlag das Datum der Zustellung durch den Postboten notiert. Von diesem Tag an zählt die Frist.

Herr Mustermann
Musterstr. 21
76543 Musterstadt

An die zuständige Landesrundfunkanstalt

Musterstadt, 27. Januar 2016

Beitrags-Nummer: XXX XXX XXX

Widerspruch gegen den Bescheid vom xx.xx.xxxx, eingegangen am xx.xx.xxxx

hiermit erhebe ich Widerspruch gegen den oben genannten Bescheid. Leider sind Sie bisher nicht Ihrer Pflicht nachgekommen, mich aufgrund meines „besonderen Härtefalls" von der Rundfunkbeitragspflicht zu befreien, obwohl eine Geltendmachung meinerseits durch einen entsprechenden Antrag an Sie ordnungsgemäß erfolgte. Ich bitte Sie deshalb noch einmal nachdrücklich, mich umgehend von der Rundfunkbeitragspflicht zum Zeitpunkt meines Antrages zu befreien.

Sollten Sie irrtümlicherweise davon ausgehen, dass mein Antrag nicht zu einer Befreiung von der Rundfunkbeitragspflicht führt bzw. durch Ihre Festhaltung an der Beitragspflicht durch meine Person der Schutzbereich meiner Gewissensfreiheit nicht verletzt wird, obwohl hierdurch eine Gewissensnot entsteht und mir ein garantierter Schutz laut Grundgesetz Art. 4 Satz 1 zu gewährleisten ist, fordere ich Sie hiermit auf, dies Ihrerseits juristisch ausführlich, insbesondere die demokratisch legimitierte hoheitliche Befugnis zur Einschränkung von Grundrechten, die im Grundgesetz für die Bundesrepublik Deutschland dem Einzelnen gewährleistet werden (mit allen Gesetzesquellen-Angaben bzw. höchstrichterlichen Urteilen in gleichartigen Fällen), und für einen Nicht-Juristen in verständlicher Weise durch einen Widerspruchsbescheid ordnungsgemäß zu erläutern.

Ich appelliere weiterhin an Ihre Menschlichkeit, meinen Befreiungsantrag umgehend in Kraft treten zu lassen. Vielen Dank.

Mit freundlichen Grüßen
Herr Mustermann

Anfrage zum Bearbeitungsstand

Oftmals kommt es vor, dass Anträge einfach ignoriert werden beziehungsweise man diese nicht bearbeitet. Hier gibt es zwei Vorgehensweisen, einmal eine Anfrage zum Bearbeitungsstand und dann die Androhung der Untätigkeitsklage vor dem Verwaltungsgericht.

Hier meine eigene Anfrage zum Bearbeitungsstand, die Ihr auf euren Fall umformulieren müsstet.

Herr Mustermann

Musterstr. 21

76543 Musterstadt

An die zuständige Landesrundfunkanstalt

Musterstadt, 27. Januar 2016

Statusklärung für die oben genannte Adresse, ob Befreiung von der Rundfunkbeitragspflicht aus Gewis-

sensgründen stattgegeben wurde, ob Antrag auf Aussetzung meines Verfahrens entsprechend § 94 VwGO stattgegeben wurde, ob Antrag auf Aussetzung der Vollstreckung entsprechend VwGO § 80 stattgegeben wurde

Sehr geehrter Intendant,

mit einem Schreiben datiert auf den 12.08.2016 informierten mich Ihre Kollegen Herr XXX und Frau XXX, dass diesen die Aufgabe übertragen wurde, auf mein persönliches Schreiben an Sie vom 20.07.2016 zu antworten.

Ich hoffe, Ihre Kollegen haben Ihnen eine Kopie dieses Schreibens übergeben. Wenn nicht, dann möchte ich Sie darauf aufmerksam machen, dass entgegen meiner Aufforderung ein Großteil meiner Anträge und Fragestellungen bis heute leider unbeantwortet geblieben sind. Natürlich kann ich nachvollziehen, dass es für Ihre öffentlich-rechtliche Anstalt nicht einfach ist, zeitlich schnell jeden individuellen Fall zu bearbeiten. Trotzdem erwarte ich, bei fallbezogenen Anträgen bzw. Fragestellungen für jeden einzelnen Sachverhalt einen entsprechenden Bescheid zu erlassen bzw. eine entsprechende Antwort zu formulieren. Ein Satz Ihrer

Kollegen wie: „Vor diesem Hintergrund gehen wir auf die Inhalte zu Ihrem offenen Brief nicht weiter ein." erscheint für mich leider völlig sinnentleert, wenn der vorhergehende Inhaltsbezug (nach Ablauf der Frist erhalten die Widerspruchsbescheide Bestandskraft) nicht das Kernanliegen meines Schreibens an Sie vom 20.07.2016 berücksichtigt.

Damit es zu keinen weiteren Irritationen im kommunikativen Austausch zwischen uns kommt, bitte ich Sie um die verbindliche Stellungnahme zu folgenden Aspekten:

1. Welchen Status hat mein Widerspruch vom 20.07.2016 gegen den Bescheid über die Ablehnung der Befreiung von der Rundfunkbeitragspflicht aus Gewissensgründen?*
   1. genehmigt, wenn ja, wann erhalte ich den entsprechenden Bescheid?
   2. widersprochen, wenn ja, wann erhalte ich den entsprechenden Widerspruchsbescheid?
   3. sonstiges, wenn ja, wann werde ich über diesen Sachverhalt informiert?

2. Welchen Status hat mein Antrag vom 20.07.2016 auf Aussetzung meines Verfahrens entsprechend

§ 94 VwGO falls eine Ablehnung meines Antrages der Befreiung von der Rundfunkbeitragspflicht aus Gewissensgründen durch Ihre Landesrundfunkanstalt erfolgen würde?*

1. genehmigt, wenn ja, wann erhalte ich den entsprechenden Bescheid?
2. abgelehnt, wenn ja, wann erhalte ich den entsprechenden Ablehnungsbescheid?
1. sonstiges, wenn ja, wann werde ich über diesen Sachverhalt informiert?

3. Welchen Status hat mein Antrag vom 20.07.2016 auf Aussetzung der Vollstreckung entsprechend VwGO § 80?*

   1. genehmigt, wenn ja, wann erhalte ich den entsprechenden Bescheid?
   2. abgelehnt, wenn ja, wann erhalte ich den entsprechenden Ablehnungsbescheid?
   3. sonstiges, wenn ja, wann werde ich über diesen Sachverhalt informiert?

4. Wann übertragen Sie mir die ausführliche Erläuterung über die gesetzlichen Grundlage zur Ermächtigung der nicht rechtsfähigen Gemeinschaftseinrichtung ARD ZDF Deutschlandradio

Beitragsservice, eine „Direktanmeldung“ auszuführen zu können?*

5. Wann übertragen Sie mir die geforderte ausführliche Erläuterung über die gesetzlichen Grundlagen, welche die nicht rechtsfähigen Gemeinschaftseinrichtung ARD ZDF Deutschlandradio Beitragsservice dazu ermächtigen, hoheitliche Aufgaben im Namen des RBB auszuführen?*

6. Wann übertragen Sie mir die geforderte ausführliche Erläuterung über die gesetzliche Grundlage, warum ein Bescheid, der vom vermeintlichen Gläubiger RBB stammen soll, Unklarheiten enthält, die den vermeintlichen Schuldner an der Echtheit und am rechtlichen Charakter des Dokuments zweifeln lassen?*

**Weitere Detailinformationen entnehmen Sie bitte meinem Ursprungsschreiben vom 20.07.2016*

Selbstverständlich würde ich mich weiterhin freuen, wenn ein direkter, offener Dialog unserer konträren Sichtweisen in Form eines Live-Interviews möglich wäre. Ich lade Sie deshalb gerne zu mir als Exklusiv-Gast im Rahmen meines Sendeformates „SchrangTV “ ein und ich komme auch gerne zu einem Sendeformat Ihres Senders.

In weiterer Hoffnung auf eine zielführende Lösung verbleibe ich mit freundlichen Grüßen.

Ankündigung der Untätigkeitsklage

Ein weiteres sehr wirksames Mittel, die zuständige Landesrundfunkanstalt zum Handeln zu bewegen, ist die „Ankündigung der Untätigkeitsklage". Genau drei Monate hat die Landesrundfunkanstalt nämlich Zeit, einen Eurer Anträge oder Widersprüche zu bearbeiten, nach Ablauf dieser Frist darf der Bürger vor dem Verwaltungsgericht Untätigkeitsklage einreichen:

Herr Mustermann
Musterstr. 21
76543 Musterstadt

An die zuständige Landesrundfunkanstalt

Musterstadt, 27. Januar 2016

Beitrags-Nummer: XXX XXX XXX
Ankündigung der Untätigkeitsklage vor dem Verwaltungsgericht

Sehr geehrte Damen und Herren,

leider haben Sie bis heute meinen Antrag / Widerspruch vom ... nicht bearbeitet. Ich weise Sie daher darauf, dass ich nach Ablauf der vorgeschriebenen Frist von drei Monaten, die Ihnen zur Bearbeitung vom Gesetzgeber zugestanden sind, Untätigkeitsklage vor dem Verwaltungsgericht einreichen werde.

Die Kosten des Verfahrens gehen zu Ihren Lasten.
Mit freundlichen Grüßen

Herr Mustermann

Widerspruchsbescheide

Nachdem Ihr Widerspruch eingelegt habt, folgt ein Widerspruchsbescheid. Dies ist ein wichtiges Dokument, denn mit diesem Schreiben endet die Auseinandersetzung mit dem Rundfunkbeitrag auf der „direkten" Ebene. Am Ende des Widerspruchsbescheids findet sich nämlich eine sogenannte „**Rechtsbelehrung**", vor welchem Gericht mit welcher Anschrift ihr innerhalb welcher Frist klagen müsst, um gegen den Widerspruchsbescheid vorzugehen.

Wie schon gesagt, darf ich hier keine Rechtsberatung leisten und weise Euch nochmal darauf hin, dass Ihr in Eigenverantwortung handelt. Die Klage gegen den Rundfunkbeitrag ist darüber hinaus kein juristisches Verfahren mit dem Ziel, dass ein Einzelner gewinnt und für alle anderen den Weg frei macht. Denn die meisten Gerichte haben inzwischen den Rundfunkbeitrag für „rechtmäßig" erklärt.

Die Klage gegen den Rundfunkbeitrag ist vielmehr Ausdruck von Zivilcourage. 4,9 Millionen Nichtzahler, von denen immer mehr vor Gericht ziehen und die Gerichte zum Kollabieren bringen, sind ein deutliches Zeichen, dass das System am Sinken ist. Jeder Einzelne zählt.

Klage einreichen

Viele Menschen haben Bedenken oder sogar Angst, Klage vor einem Gericht einzureichen, wenn sie dies noch nie zuvor getan haben. Diejenigen, die den Weg gegangen sind wissen, dass es sogar relativ leicht war. Natürlich wird in den Medien so getan, als ob das immense Geldsummen kosten würde, da man angeblich einen Anwalt beauftragen muss und auch sonst enorme Kosten entstehen.

Wie so häufig ist genau das Gegenteil der Fall.

- Die Gerichtskosten für eine Klage gegen den Rundfunkbeitrag liegen bei circa **105 Euro**. Diese Angabe erfolgt ohne Gewähr. Die Rechtspfleger des zuständigen Verwaltungsgerichts geben Euch über die genauen Kosten telefonisch Auskunft.
- Jeder Bürger in Deutschland hat das Recht, selbst Klage bei einem Gericht einzureichen.

- In der ersten Instanz, das heißt bei Klage vor dem örtlichen Verwaltungsgericht, braucht man **keinen Anwalt**.
- Die Klage muss innerhalb einer bestimmten Frist eingereicht werden. In der Regel sind dies vier Wochen. Eine genaue Auskunft findet sich in der sogenannten „Rechtsbehelfsbelehrung" des Widerspruchsbescheids.
- Kleiner Tipp: Wenn euch die Frist nicht ausreicht, um eine Begründung zu schreiben, reicht es, **die Klage fristwahrend einzureichen** mit dem Hinweis, man werde die Begründung nachreichen.
- Wenn Ihr nicht wisst, wie man selbst eine Klage schreibt, findet Ihr viele hilfreiche Hinweise im Internet oder Ihr könnt persönlich zu den Rechtspflegern des Verwaltungsgerichts gehen. Diese setzen kostenlos die Klage auf und reichen diese bei Gericht für Euch ein.

Verändern

In Korea gab es zur Zeit der Bürgerkriege einen ganz besonders grausamen General, der Menschen wahllos niedermetzelte und vor dessen Truppen alle flohen. Nur ein Zen-Meister machte keine Anstalten zu fliehen, als der General mit seinen Männern das Dorf einnahm. Der General ging in das Kloster, zog vor dem Meister sein Schwert und drohte: «Weißt du nicht, wer ich bin? Ohne mit den Wimpern zu zucken kann ich dich töten.» Der Zen-Meister erwiderte sanft: «Und du, weißt du nicht wer ich bin? Ich bin ein Mann, den man töten kann, ohne dass er mit der Wimper zuckt». Da verneigte sich der General und untersagte seinen Männern, das Dorf zu plündern.

Zen

Nachwort

Wir kommen zu dem aus meiner Sicht wichtigsten Teil des Buches. Jeder sollte in sich hineinhorchen und fragen, was er mit diesem Wissen anfangen will. Es gibt keinen ultimativen Weg. Es läuft wie im Film Matrix, nehme ich die blaue Pille und lebe weiterhin in der Scheinwelt, dann bleibt alles beim Alten, oder ich entscheide mich für die rote Pille und damit für die Freiheit. Diese Freiheit beginnt aber in uns, es ist eine Frage der inneren Haltung, so wie der Zen-Meister dem General gegenübergetreten ist. Ich nenne es Zivilcourage, oder den Weg des friedvollen Kriegers, der in sich ruht.

Wichtig ist es, eine Ent-scheidung zu treffen. Halbschwanger gibt es nicht, entweder man steht zu 100 Prozent zu seinem Handeln und übernimmt auch die Verantwortung, oder man lässt es lieber sein. Ich habe mich für den Weg der Zivilcourage entschieden und zahle nicht den Zwangsbeitrag. Dieser Weg ist ein radikaler Weg mit anderen Worten, ich bin ein Radikaler. Das Wort „radikal" hat seinen Ursprung im lateinischen

„radix", die „Wurzel". Ich habe mich entschieden, die Probleme von der Wurzel aus anzugehen und von dort aus zu lösen. Um diesen Weg zu gehen, erfordert es nicht, wie die meisten denken Kampfeswillen, sondern Charakterstärke und Gelassenheit.

Viele wollen aber kämpfen gegen „das System" und merken, dass sie sich immer ausgelaugter fühlen. Es geht hier nicht um Kampf. Druck erzeugt immer Gegendruck und kostet sehr viel Energie. Durch den Frust, der dadurch entsteht, schadet man sich nicht nur selbst, sondern wird oftmals auch zu einem pessimistischen Besserwisser. Für Freunde, Arbeitskollegen und Familienmitglieder wird dies mit der Zeit oft unerträglich.

Die Meisterschaft besteht aber im Loslassen. Wie ein großer asiatischer Meister der Kampfkünste es schon vor Jahrhunderten an seine Schüler weitergab: Sei wie ein Grashalm im Wald, wenn der Wind dort gewaltig hineinbläst. Er nutzt die Energie des Windes und schwingt mit ihm. Die meisten verhalten sich aber eher wie starre Bäume, die sich gegen den Wind stemmen und daher brechen. Hier geht es nicht um nette Märchengeschichten, sondern ich spreche aus eigener Erfahrung.

Wir leben in einer Zeit des großen Wandels, aber auch des Umbruchs, von dem wir alle betroffen sind. Auf der einen Seite brechen ganze Gesellschaftsstrukturen auseinander, auf der anderen Seite öffnen sich aber auch neue Perspektiven. Für alle, die an ihrem Job, an ihrem Geld und sonstigen materiellen Dingen festhalten, wird diese Zeit noch einige Überraschungen mit sich bringen. Jeder sollte sich selbst fragen, will ich eher der Baumstamm im stürmischen Wald sein, oder lieber der Grashalm.

Derzeit ist es noch so, dass sich immer mehr Menschen verbiegen und wie wir alle wissen, kommt nach dem Biegen das Brechen. Nicht umsonst haben wir immer mehr Herzinfarkte, Depressionen und Burnouts zu verzeichnen. Wir gehen morgens aus dem Haus und lassen das Herz zuhause, da der Verstand uns sagt: Du musst funktionieren! Wir sind aber mehr als Roboter, die eine Sozialversicherungsnummer haben. Fangt endlich an und hört auf die Stimme in Eurem Herzen.

Natürlich kann es sein, dass in Euch Gefühle wie Wut, Hass oder Groll hochkommen, über die ungeheuerlichen Vorgänge, die oben beschrieben wurden. Einige von Euch werden vielleicht sogar sagen „jetzt bin ich aber sauer, was die mit uns machen". Rein chemisch gesehen habt ihr sogar Recht. In diesem Zustand verschiebt sich nämlich der Säure-Basen-Haushalt messbar in Richtung Säure. Dabei ist uns gar nicht bewusst, dass es die Gedanken zu diesem Thema sind, die unseren Gemütszustand, sowie den Blutdruck und den Säurehaushalt verändern.

Mit anderen Worten, wenn wir uns über die geldgierigen Intendanten aufregen, dann trifft das diese nicht im Geringsten, da sie davon nichts hören oder sehen. Der Einzige, der dadurch getroffen wird, sind wir selbst. Dies kann jeder mit einfachen, in Apotheken erhältlichen PH-Messstreifen bei sich überprüfen.

Genauso sieht es bei vielen Menschen aus, die sich permanent durch die neuesten Nachrichten berieseln lassen, die zu ca. 95 Prozent negativ und lebensverneinend sind. Mord und Totschlag gehören zum täglichen Abendprogramm, so wie die Butter auf das Brot. Das Problem dabei ist zusätzlich, dass die meisten essen und gleichzeitig fernsehen und dabei gar nicht merken, dass sie im wahrsten Sinne des Wortes schwerverdauliche Kost zu sich nehmen.

Für viele ist es schier unmöglich, sich vorzustellen, ohne das tägliche Fernsehprogramm zu leben. Betäubungsprogramm wäre wohl eher die treffende Bezeichnung. Im ersten Teil des Buches haben wir festgestellt, dass über die Zeitungen und das Fernsehen eine Manipulation sondergleichen abläuft. Spürt einmal in euch hinein, wie sich das anfühlt, wenn die neuesten Bilder von den Kriegsfronten der Welt, den Wirtschaftspleiten und Morden über den Bildschirm laufen? Fühlen wir uns gut oder eher schlecht?

Was hat die Talkshow, in der Politschauspieler nur ihre Rolle spielen, mit uns zu tun? Ich selbst schaue seit Jahren kein Fernsehen und fühle mich befreit. Mir fehlt nichts. Von immer mehr Menschen erfahre ich, dass sie zum Beispiel die täglichen Talkrunden nicht mehr ertragen können.

Einige teilten mir mit, dass sie meinem Beispiel gefolgt sind und lassen jetzt auch den Fernseher aus. Sie fangen an, selbstständig ihren Verstand zu gebrauchen und verlassen sozusagen die virtuelle Welt der Ängste. Viele machen in dieser Phase eine Transformation durch und bemerken, dass Freiheit entsteht, wenn die Angst weg ist. Dazu kommt noch, dass sie jetzt mehr Zeit für ihre Kinder, den Lebenspartner und für sich selbst haben.

Die anderen, die noch in der Angst gefangen sind, leben in ständiger Unsicherheit und suchen Halt und Sicherheit im Außen. Sie wissen noch nicht, dass es nur unsere Gedanken sind, die das Gefühl der Unsicherheit in uns erschaffen. Die Angstgefühle entspringen im Grunde genommen nur aus dem Mangel an Vertrauen in das Leben.

Wer jedoch aus Angst oder einem Mangelbewusstsein heraus handelt, wird diesen Mangel eher noch verstärken. So zieht er das, wovor er Angst hat, in sein Leben. Konzentriere Dich auf Deine innere Stimme - und nicht auf das, worauf die Medien oder irgendwelche Politiker Deine Aufmerksamkeit richten wollen. Das Handeln dieser Menschen basiert meist auf Täuschung und Verfälschung des Lebenssinns.

Einer der größten Weisheitslehrer des 20. Jahrhunderts, Jiddu Krishnamurti, lehrte bereits: „Dein Verlangen nach Sicherheit erzeugt Angst, und es ist diese Angst, die sich der Unterdrückung durch Autoritäten beugt. Die Angst sagt Dir nicht, wie Du denken sollst, sondern was Du denken sollst. Nur wenn Du frei von Angst bist, kannst Du die Wirklichkeit entdecken." Das sind die Themen, über die ich in meinem neuen großen Buch schrieb, das eigentlich im Dezember 2016 erscheinen sollte, wäre nicht der Rundfunkzwangsbeitrag dazwischen gekommen.

Zurück zum Zwangsbeitrag von 17,50 Euro. Einige werden jetzt sagen, ja aber, wenn die Drohbriefe ins Haus flattern, schwingt immer ein ungutes Gefühl mit. Es geht aber nicht um Angst, sondern um Loslassen. Es ist alles nur eine Frage der Betrachtung und des Bewusstseins. Man kann auch die 17,50 Euro als einen symbolischen Betrag ansehen, den man zahlt und sich damit gedanklich freikauft. Das ist die Überlegenheit des Zen-Meisters, der zu dem blutrünstigen General sagte: *„Ich bin ein Mann, den man töten kann, ohne dass er mit der Wimper zuckt".* Der Mehrwert ist so unvergleichbar groß, da sich dadurch unsere Lebensqualität immens erhöht.

Am Anfang des Buches stand der Gedanke: „**Stellt Euch vor, es gibt einen Rundfunkbeitrag und keiner zahlt ihn**". Dieser Gedanke ist das Samenkorn, das wir gesät haben. Achtet auf Eure Gedanken, das worauf Du Deine Aufmerksamkeit richtest, das wächst, sagte bereits Buddha. Jetzt könnt Ihr entscheiden, ob Ihr dem Körnchen regelmäßig Wasser und Aufmerksamkeit schenkt oder es ignoriert und denkt, alles nur Quatsch.

Jeder Gedanke hat ein messbares Schwingungsmuster.

Ähnliche Gedanken haben ähnliche Schwingungen und ziehen sich deshalb an. Dies führt zu sogenannten Gedankenkörpern, die über ein viel größeres Energiepotential verfügen, als ein einzelner Gedanke. Die Berliner Mauer ist genau dann gefallen, als die Gedankenenergie der Freiheit größer war, als die der Unfreiheit.

Mit der GEZ-Zwangsgebühr ist es genauso. Jeder von Euch zählt und kann der entscheidende Tropfen sein, der das System zum Kippen bringt.

Es liegt nur an uns.

Da dieses Thema uns alle angeht, bitte ich Euch, das Wissen mit Freunden und Bekannten zu teilen. Sollte Euch das Buch gefallen haben, würde ich mich über eine kurze Kundenrezension sehr freuen.
Über diese und andere Themen schreibe ich regelmäßig in meinem kostenlosen Newsletter. Anmeldung unter: *http://www.macht-steuert-wissen.de/newsletteranmeldung/*

Euer
Heiko Schrang

Die Jahrhundertlüge, die nur Insider kennen

Der Bestseller mit Kultbuchstatus sollte aufgrund seiner Brisanz anfänglich nur zensiert gedruckt werden.

Hardcover **24,90 €**
ISBN: 978-3-9815839-0-8

Ebook **12,99 €**
epub ISBN: 978-3-9815839-1-5
PDF ISBN: 978-3-9815839-7-7

Das Hörbuch
Gesprochen vom bekannten deutschen Schauspieler **Horst Janson**. Er gibt dem Hörbuch mit seiner markanten Stimme eine besondere Tiefe.

6-CD-Set **29,99 €**
ISBN: 978-3-9815839-6-0

MP3 Download **19,99 €**
ISBN: 978-3-9815839-5-3

Die Jahrhundertlüge, die nur Insider kennen – 2

Nach dem Erfolg des ersten Buches „Die Jahrhundertlüge, die nur Insider kennen“ setzt dieses Buch ganz neue Akzente. Wie bereits beim ersten Buch verbindet der Autor auch wieder gekonnt komplexe politische mit spirituellen Themen und bietet praktische Tipps und Lösungen an, die Ihr Leben verändern können.

Hardcover **24,90 €**

ISBN: 978-3-9815839-9-1

Ebook **12,99 €**

epub ISBN: 978-3-945780-03-9
PDF ISBN: 978-3-945780-04-6

Das Hörbuch

Gesprochen vom Schauspieler **Reiner Schöne**. Er gilt als einer der bekanntesten Synchronsprecher Deutschlands.

6-CD-Set **29,99 €**

ISBN: 978-3-945780-90-9

MP3 Download **19,99 €**

ISBN: 978-3-945780-06-0

Die Souveränitätslüge

Dieses Buch ist in seiner Brisanz kaum zu überbieten:

- Existiert ein geheimer Staatsvertrag – Kanzlerakte?
- Ist Deutschland eine Firma?
- Ist Deutschland überhaupt souverän? u.v.m.

Broschüre (64 Seiten) **7,99 €**

ISBN: 978-3-9815839-8-4

Auch als **Hörbuch** erhältlich mit dem bekannten Schauspieler Reiner Schöne als Sprecher.

Hörbuch – 1CD **9,99 €**

ISBN: 978-3-945780-91-6

MP3 Download **6,99 €**

ISBN: 978-3-945780-07-7

Verstrickungen in den ARD-Landesrundfunkanstalten

ARD Landesrundfunkanstalten

Personelle Zusammensetzung:

I. Bayerischer Rundfunk

Verwaltungsrat (Geschäftsführung)

Vorsitzende ist Landtagspräsidentin
Barbara Stamm (CSU)

Dr. Siegfried Balleis (CSU Politiker)

Dr. Reinhard Dörfler (Vorsitzender IHK München, CSU Mitglied)

Peter Hufe (ehem. SPD Abgeordneter)

Rundfunkrat

Inge Aures (Landtag, SPD)

Dr. Otmar Bernhard (Landtag, CSU)

Dr. Uwe Brandl (CSU Politiker)

Karl Heinz Eisfeld (SPD)

Anni Fries (CSU)

Dr. Thomas Goppel (CSU)

Thomas Habermann (CSU)

Hans Herold (Landtag, CSU)

Dr. Marcel Huber (CSU Landtag)

Matthias Jena (SPD)

Christian Knauer (Landrat, CSU)

Natascha Kohnen (Landtag, SPD)

Thomas Kreuzer (Landtag, CSU)

Manfred Ländner (Landtag, CSU)

Günther Lommer (CSU)

Petra Nölkel (SPD)

Verena Osgyan (Landtag, Grüne)

Florian Pronold (Landtag, SPD)

Thomas Reiß (Landtag, CSU)

Heinrich Rudrof (Landtag, CSU)

Intendant

Ulrich Wilhelm (CSU, ehem. Regierungsrat z. A. im Bayerischen Staatsministerium

des Innern, Pressesprecher des Ministerpräsidenten und der Bayerischen

Staatsregierung, Leiter der Abteilung Presse, Öffentlichkeitsarbeit und Medien,

Amtschef des Bayerischen Staatsministeriums für Wissenschaft, Forschung und

Kunst, Chef des Presse- und Informationsamtes der Bundesregierung und

Regierungssprecher im Rang eines beamteten Staatssekretärs)

II. HR

Verwaltungsrat (Geschäftsführung)

Vorsitzender Armin Clauss (SPD Politiker, ehem. Landtagsabgeordneter)

Wolfgang Greilich (FDP Landtagsabgeordneter)

Gert Lütgert (SPD Politiker)

Clemens Reif (CDU Landtagsabgeordneter)

Michael Siebel (SPD Landtagsabgeordneter)

Dr. Christian Wagner (CDU Politiker)

Rundfunkrat

Lucia Puttrich (Landtagsabgeordnete CDU)

Harald Freiling (SPD Mitglied)

Gabriele Kailing (SPD Mitglied, DGB Vorsitz Hessen)

Baldur Schmitt (SPD Stadtverordneter)

Dr. Rolf Müller (CDU Landtagsabgeordneter)

Friedhelm Schneider (Vorstandsmitglied der CDU Landespartei)

Enis Gülegen (SPD Mitglied)

Sigrid Isser (CDU Offenbach)

Dr. Ursula Jungherr (CDU Politikerin)

Siegbert Ortmann (CDU Politiker)

Thomas Mann (CDU Europaabgeordneter in der Europäischen Volkspartei)

Michael Boddenberg (Landtagsfraktionsvorsitzender, CDU)

Angela Dorn (Landtagsmitglied, Die Grünen)

Thorsten Schäfer-Gümbel (Fraktions- und Landesvorsitzender, SPD)

Karin Wolff (CDU Politikerin) 1999 bis 2008 hessische Kultusministerin und dazu von 2003 bis 2008 stellvertretende Ministerpräsidentin des Landes Hessen.

Andrea Ypsilanti (Landtag, SPD)

III. MDR

Verwaltungsrat (Geschäftsführung) – Stand März 2016

Frank Möhrer (Ex-Regierungssprecher CDU Mecklenburg Vorpommern)

Joachim Dirschka (CDU Politiker)

Christian Schramm (CDU Politiker) Oberbürgermeister von Bautzen (1990–2015)

Dr. Karl Gerhold (Landesschatzmeister CDU Sachsen-Anhalt)

Dr. Jürgen Weißbach (Mitglied der SPD)

Birgit Diezel (CDU Landtagspräsidentin Thüringen)

Rundfunkrat

Steffen Flath (CDU-Landesverband Sachsen)

Stefan Gebhardt (Die Linke, Landesverband Sachsen-Anhalt)

Sören Herbst (Grünen, Landesverband Sachsen-Anhalt)

Dr. Kurt Herzberg (CDU Mitglied und Bürgerbeauftragter)

Anne-Marie Keding (CDU)

Malte Krückels (Die Linke)

Dr. Friedrich Kühn (SPD, Vorsitzender Leipziger SPD Juristen)

René Lindenberg (SPD Landesverband Thüringen)

Mike Mohring (CDU-Landesverband Thüringen)

Falk Neubert (Die Linke Landesverband Sachsen)

Dirk Panter (SPD, deutscher Politiker u. Vorsitzender der SPD-Fraktion im Sächsischen Landtag)

Bernd Reisener (CDU Landesverband Sachsen-Anhalt)

Steffi Schikor (Grüne, Sachsen-Anhalt)

Markus Schlimbach (SPD Sachsen)

Erhard Weimann (CDU Politiker)

Sandro Witt (Die Linke)

Michael Ziche (CDU Landrat)

Intendant

Prof. Dr. Karola Wille

IV. NDR

Verwaltungsrat (Geschäftsführung)

Sigrid Keler, Vorsitzende (SPD Politikerin, bis 2008 Finanzministerin des Landes Mecklenburg-Vorpommern)

Bernd Reinert, Stellv. Vors. (CDU Politiker)

Dr. Thea Dückert (Politikerin, Die Grünen)

Helmuth Frahm (Stellvertretender und Vorsitzender der SPD Landesorganisation Hamburg)

Dagmar Gräfin Kerssenbrock (CDU Politikerin)

Dr. Eva Möllring (CDU Politikerin)

Silva Seeler (SPD Politikerin)

Rundfunkrat (NDR überregional)

Dagmar Pohl-Laukamp, Vorsitzende (ehemalige Innensenatorin Lübeck, CDU)

Ursula Thümler, Stv. Vors. (FDP Politikerin)

Uwe Grund, Stv. Vors. (SPD Politiker)

Ute Schildt, Stv. Vors. (SPD Mecklenburg-Vorpommern)

Landesrundfunkrat Schleswig-Holstein

Peter Eichstädt, Vorsitzender (SPD Landesverband)

Tim Brockmann (CDU Vorstand, Preetz)

Dagmar Pohl-Laukamp (ehemalige Innensenatorin Lübeck, CDU)

Jutta Schümann (SPD Politikerin)

Dr. Johann Wadephul (CDU Politiker, Bundestagsabgeordneter)

Landesrundfunkrat Hamburg

Uwe Grund (SPD Politiker)

Inka Damerau (SPD Politikerin)

Uwe Polkaehn (SPD Politiker)

Landesrundfunkrat Niedersachsen

Wolfgang Jüttner, Vorsitzender (SPD Politiker)

Renate Backhaus (Grünen Politikerin)

Fritz Güntzler (CDU Politiker)

Elisabeth Heister-Neumann (CDU Politikerin)

Ursula Helmhold (Grünen Politikerin)

Walter Hirche (FDP Politiker)

Helge Kahnert (CDU Landesverband)

Edda Schliepack (CDU Politikerin)

Ursula Thümler (FDP Politikerin)

Landesrundfunkrat Mecklenburg-Vorpommern

Ilka Lochner-Borst, Vorsitzende (CDU-Landesverband Mecklenburg-Vorpommern)

Rainer Tietböhl, Stv. Vors. (SPD Kreisverband, Mecklenburgische Seenplatte)

Dr. Fred Mrotzek (CDU Kreisverband Rostock)

Ute Schildt (SPD Mecklenburg-Vorpommern)

V. Radio Bremen

Verwaltungsrat (Geschäftsführung)

Prof. Dr. Thomas von der Vring, Vorsitzender (SPD Politiker)

Prof. Dr. André W. Heinemann (Grünen Politiker)

Dr. Wolfgang Schrörs (CDU Politiker)

Rundfunkrat

Eva-Maria Lemke-Schulte, Vorsitzende (SPD Politikerin)

Susan Ella-Mittrenga, Stellv. Vors. (Politikerin, Grünen)

Doris Achelwilm (Die Linke, Bremen)

Norbert Wilke (CDU Politiker, Bremen)

Wolfgang Grotheer (SPD Politiker und Richter)

Karin Fricke (CDU Bremen)

Dieter Mazur (Grünen Politiker Bremen)

Annette Düring (SPD Mitglied)

VI. RBB

Rundfunkrat

Elisabeth Herzog-von der Heide (SPD Bürgermeisterin)

Matthias Köhne (SPD Bürgermeister Berlin-Pankow)

Steffie Lamers (CDU Politikerin)

Carola Zarth (CDU Politikerin, Berlin)

Ingo Senftleben (CDU, Landtag Brandenburg)

Klara Geywitz (SPD, Landtag Brandenburg)

Dr. Volkmar Schöneburg (Die Linke, Landtag Brandenburg)

Brigitte Lange (SPD, Abgeordnetenhaus Berlin)

Christian Goiny (CDU, Abgeordnetenhaus Berlin)

Frank Zimmermann (SPD, Abgeordnetenhaus Berlin)

Stefan Gelbhaar (Die Grünen, Abgeordnetenhaus Berlin)

VII. SR

Joachim Rippel, Vorsitzender (CDU Politiker, ehemaliger Minister)

Michael Burkert, stellvertr. Vorsitz. (SPD Politiker, Saarbrücken)

Sigrid Morsch (CDU Politikerin, Ex-Bürgermeisterin)

Karl Rauber (CDU Politiker)

Bettina Altesleben (SPD Politikerin und DGB Vorsitzende)

Jürgen Lennartz (CDU Politiker, Bevollmächtigter des Saarlandes beim Bund)

Rundfunkrat

Gisela Rink, stellv. Vorsitz. (CDU Abgeordnete, Landtag Saarland)

Monika Bachmann (CDU Sozialministerin, Saarland)

Tobias Hans (CDU Landtagsfraktion)

Stefan Pauluhn (SPD Landtagsfraktion)

Hubert Ulrich (Die Grünen)

Ralf Georgi (Die Linke)

Mohamed Maiga (Integrationsbeirat CDU)

Hedi Pfeffer (CDU)

Klaus Lorig (CDU Politiker, Oberbürgermeister)

Udo Recktenwald (CDU Landrat)

Ralf Dewald (CDU Kreistagsmitglied)

Armin Lang (SPD Politiker Saarland)

Eugen Roth (SPD Politiker, Landtag Saarland)

Intendant des Saarländischen Rundfunks

Prof. Thomas Kleist (SPD Politiker)

VIII. SWR

Verwaltungsrat (Geschäftsführung)

Theresia Riedmaier, stellv. Vorsitzende (SPD Landrätin)

Wolfgang Drexler (SPD Politiker im Landtag, Kreistag sowie Gemeinderat)

Edith Sitzmann (Grünen Abgeordnete Landtag)

Peter Friedrich (SPD Europaminister)

Daniel Köbler (Grünen Politiker)

Andrea Krueger (CDU Politikerin)

Dietmar Muscheid (SPD Politiker und DGB Landesvorsitzender)

Günther-Martin Pauli (CDU Landtagsabgeordneter)

Klaus Tappeser (CDU Politiker, Oberbürgermeister)

Rundfunkrat

Jonathan Berggötz (CDU Europa-Union Politiker)

Gisela Bill (Grünen Politikerin)

Sascha Binder (SPD Landtagsabgeordneter)

Beate Böhlen (Grünen Landtagsabgeordnete)

Gerhard Brand (CDU)

Dr. Brigitte Dahlbender (SPD Stadträtin, Ulm)

Gabriele Frenzer-Wolf (Grünen Politikerin, stellv. Fraktionsvorsitzende, Kreistag)

Barbara Fröhlich (SPD Ortsvereinsvorsitzende)

Martin Haller (SPD Politiker, Mitglied des Landtages Rheinland-Pfalz)

Marie-Theres Hammes-Rosenstein (CDU Politikerin)

Helen Heberer (SPD Politikerin, Landtag BW)

Hans Heinz (CDU Politiker)

Hendrik Hering (SPD Politiker, Rheinland-Pfalz)

Roger Kehle (CDU)

Julia Klöckner (CDU Politikerin, Vorsitzende CDU Rheinland-Pfalz)

Sabine Kurtz (CDU, Landtag BW)

Winfried Manns (CDU Politiker, ehemaliger Bürgermeister)

Jutta Pagel-Steidl (FDP)

Helmut Rau (CDU Politiker, BW)

Joachim Rukwied (CDU Politiker)

Alexander Salomon (Grünen Politiker, Landtag BW)

Roland Sing (SPD)

Anne Spiegel (SPD, Landtag Rheinland-Pfalz)

Dorothea Störr-Ritter (CDU, Landkreistag BW)

Gitta Süß-Slania (SPD)

Tobias Wald (CDU, Landtag BW)

Ruth Weckenmann (SPD Politikerin)

Intendant

Peter Boudgoust (CDU)

IX. WDR

Verwaltungsrat (Geschäftsführung)

Dr. Ludwig Jörder, Vorsitzender (SPD Politiker, Dortmund)

Walter Probst, stellv. Vorsitzender (CDU Politiker)

Ilka von Boeselager (CDU Landtagsabgeordnete, NRW)

Lothar Hegemann (CDU Landtagsabgeordneter, NRW)

Michael Kroemer (SPD, Wuppertal)

Rundfunkrat

Ruth Hieronymi (CDU Politikerin, ehemaliges Mitglied Europäisches Parlament)

Prof. Dr. Karsten Rudolph (SPD Vorsitzender, Bochum)

Silke Gorißen (CDU Politikerin)

Gabriele Hammelrath (SPD Politikerin, Landtag NRW)

Inge Howe (SPD Politikerin)

Petra Kammerevert (SPD Politikerin, Mitglied im Europäischen Parlament)

Heinrich Kemper (CDU Politiker, Landtag NRW)

Oliver Keymis (Grünen Politiker, Landtag NRW)

Thomas Mahlberg (CDU Politiker, Deutscher Bundestag)

Rüdiger Sagel (Politiker Die Linke, Münster)

Prof. Dr. Dr. Thomas Sternberg (CDU Politiker, Landtag NRW)

Andrea Verpoorten (CDU Politikerin, Köln)

Alexander Vogt (SPD Politiker, Landtag NRW)

Ralf Witzel (FDP Politiker, Landtag NRW)

Dr. Stephan Articus (CDU)

Petra Windeck (SPD)

Friedrich Brakemeier (SPD Politiker, Detmold)

Eberhard Lüttge (SPD Politiker, Bielefeld)

Thomas Ellerbeck (CDU, Mitglied Atlantikbrücke)

Hanspeter Klein (CDU Politiker)

Alice Gneipelt (SPD Politikerin, Köln)

Tayfun Keltek (SPD Politiker, Köln)

Intendant

Tom Buhrow (Mitglied Atlantikbrücke)

Empfohlene Internetseiten

Auf seiner Internetseite *www.rundfunkbeitragswiderstand.de* beschreibt Olaf Kretschmann nicht nur sein eigenes Klageverfahren gegen den Rundfunkbeitrag, sondern gibt zahlreiche Ratschläge für den eigenen Umgang mit den öffentlich-rechtlichen Sendern.

Gez-boykott.de/Forum/ ist das größte Forum zum Rundfunkbeitrag. Hier werden aktuelle Fragen diskutiert, während zahlreiche Spezialisten Rede und Antwort stehen.

Eine genaue Anleitung zur Zivilcourage gegen den Rundfunkbeitrag gibt:
https://rundfunkbeitragsklage.de/info/.

Quellen

1 http://www.focus.de/kultur/medien/tid-28443/medienexperte-siebenhaar-der-oeffentlich-rechtliche-rundfunk-gehoert-zur-dna-der-bundesrepublik_aid_874291.html (Aufgerufen am 21.9.2016)

2 https://www.welt.de/politik/deutschland/article154039550/Die-Gebuehren-Rebellin-Baumert-taugt-nicht-als-Vorbild.html (Aufgerufen am 22.9.2016)

3 http://www.ndr.de/fernsehen/sendungen/zapp/Das-Amtsgericht-Bad-Salzungen-zum-Fall-Baumert,stellungnahme130.html (Aufgerufen am 19.9.2016)

4 http://www.rundfunkbeitragswiderstand.de/ (Aufgerufen am 15.9.2016)

5 http://deutsche-wirtschafts-nachrichten.de/2013/08/09/deutsche-steuerzahler-haften-mit-86-milliarden-euro-fuer-krisenlaender/ (Aufgerufen am 16.9.2016)

6 https://deutsch.rt.com/inland/40761-offentlich-rechtliche-knicken—kunftig/ (Aufgerufen am 19.9.2016)

7 http://www.morgenpost.de/kultur/tv/article207686381/Prinzip-GEZ-Boykott-Was-Gegner-des-

Rundfunkbeitrags-wollen.html (Aufgerufen am 24.8.2106)

sowie: http://www.rundfunkbeitrag.de/e175/e2097/Jahresbericht_2015.pdf (Aufgerufen am 24.8.2016)

8 Vgl.: Casper von Schrenck-Notzing: Charakterwäsche. Die Re-education der Deutschen und ihre bleibenden Auswirkungen, Graz 2005.

9 Vgl. Gerald Diesener, Rainer Gries (Hrsg.): Propaganda in Deutschland – Zur Geschichte der politischen Massenbeeinflussung im 20. Jahrhundert, Wissenschaftliche Buchgesellschaft, Darmstadt 1996, S. 113 ff., 235 ff.

10 http://www.auswaertiges-amt.de/DE/Aussenpolitik/Internat Recht/Vertraege/RegelungBerlin1990/Uebersicht.html ?nn=560776 (abgerufen am 27.10.2014)

11 https://de.wikipedia.org/wiki/Atlantik-Br%C3%BCcke (Aufgerufen am 15.9.2016)

12 http://blog.beck.de/2011/07/14/erzwingungshaft-wirtschaftlicher-unsinn (Aufgerufen am 1.9.2016)

13 Heiko Schrang: „Die Jahrhunderlüge, die nur Insider kennen 2“, Mühlenbecker Land 2014, S. 161 ff. Sowie http://de.statista.com/ statistik/daten/studie/2913/umfrage/fernsehkonsum-der-deutschen-in-minuten-nach-altersgruppen/ (Aufgerufen am 25.8.2016)

14 http://www.zdf.de/fragen-und-antworten-zu-zdf-programmen-27976894.html (Aufgerufen am 25.8.2016)

15 http://www.kotzendes-einhorn.de/blog/2013-09/die-zehn-meist-gezeigten-filme-im-deutschen-fernsehen/ (Aufgerufen am 25.8.2016)

16 http://www.focus.de/kultur/kino_tv/geldsegen-fuer-die-oeffentlich-rechtlichen-8-3-milliarden-euro-ein-nahmen-aus-rundfunkbeitrag-wachsen-erneut_id_4761220.html (Aufgerufen am 15.9.2016)

17 https://www.bundeshaushalt-info.de/#/2016/soll/ausgaben/einzelplan.html (Aufgerufen am 22.8.2016)

18 https://www.bundeshaushalt-info.de/#/2013/soll/ausgaben/einzelplan.html (Aufgerufen am 22.8.2016)

19 https://de.wikipedia.org/wiki/Liste_der_L%C3%A4nder_nach_ Bruttoinlandsprodukt (Aufgerufen am 22.8.2016)

20 http://www.dgb.de/presse/++co++d22f6ab0-1551-11df-4ca9-00093d10fae2 (Aufgerufen am 1.9.2016)

21 http://web.ard.de/ard-chronik/index/2981?year=1999 (Aufgerufen am 1.9.2016)

22 https://de.wikipedia.org/wiki/Neue_Heimat (Aufgerufen am 1.9.2016)

23 http://www.ard.de/home/intern/fakten/abc-der-ard/Beitragsservice_von_ARD__ZDF_und_Deutschlandradio/555980/index.html (Aufgerufen am 14.9.2016)

24 http://www.rundfunkbeitrag.de/e175/e222/111216_Presseinformation_ARD_ZDF_und_Deutschlandradio_begruessen_Ratifizierung_des_neuen_Rundfunkbeitrags.pdf (Aufgerufen am 1.9.2016)

25 http://www.ard.de/home/intern/presse/pressearchiv/253050/index.html (Aufgerufen 19.9.2016)

26 https://www.haufe.de/recht/weitere-rechtsgebiete/strafrecht-oeffentl-recht/ex-gez-gebuehr-bverwg-segnet-flaechendeckenden-rundfunkbeitrag-ab_204_344174.html (Aufgerufen am 1.9.2016)
http://deutsche-wirtschafts-nachrichten.de/2012/12/30/ arroganz-pur-wdr-chefredakteur-verhoehnt-kritiker-nennt-gez-eine-demokratieabgabe/ (Aufgerufen am 1.9.2016)

27 http://www.ard.de/home/intern/die-ard/17_50_Euro_Rundfunkbeitrag/309602/index.html (Aufgerufen am 25.8.2016)

28 http://www.focus.de/kultur/medien/tid-28443/medienexperte-siebenhaar-der-oeffentlich-rechtliche-rundfunk-gehoert-zur-dna-der-bundesrepublik_aid_874291.html (Aufgerufen am 21.9.2016)

29 http://www.welt.de/wirtschaft/article6000793/Das-machen-ARD-und-ZDF-mit-dem-Gebuehrengeld.html (Aufgerufen am 1.9.2016)

30 https://de.statista.com/statistik/daten/studie/163511/umfrage/ jahresgehaelter-der-ard-intendanten/ (Aufgerufen am 23.9.2016)

31 http://www.wiwo.de/politik/ausland/gehaltsliste-das-verdienen-obama-merkel-und-co-/8066996.html (Aufgerufen am 1.9.2016)

32 Beschluss des LG Tübingen vom 16.9.2016, 5 T 232/16, (31) c)

33 The Aspen Institute Germany - Annual Report 2007/2008.

34 http://www.zdf.de/zdf-intendant-thomas-bellut-25145140.html (Aufgerufen am 2.9.2016)

35 http://rundfunkbeitrag.blogspot.de/2013_12_01_archive.html (Aufgerufen am 2.9.2016)

36 https://de.wikipedia.org/wiki/Kurt_Beck (Aufgerufen am 15.9.2016)

37 http://www.spiegel.de/politik/deutschland/kurt-beck-koennen-sie-nicht-einfach-mal-das-maul-halten-a-859502.html (Aufgerufen am 2.9.2016)

38 www1.wdr.de/unternehmen/der-wdr/profil/.../geschaeftsbericht-100.pdf (Aufgerufen am 1.9.2016)

39 http://www.bild.de/geld/wirtschaft/rente/3-mio-euro-fuer-ex-wdr-intendantin-32452476.bild.html (Aufgerufen am 19.9.2016)

40 http://www.faz.net/aktuell/feuilleton/medien/mdr-intendantin-wille-legt-ihre-pensionsansprueche-offen-14440594.html (Aufgerufen am 21.9.2016)

41 http://www.faz.net/aktuell/feuilleton/medien/mdr-intendantin-wille-legt-ihre-pensionsansprueche-offen-14440594.html (Aufgerufen am 21.9.2016)

42 http://info.kopp-verlag.de/hintergruende/enthuellungen/markus-maehler/2-2-milliarden-euro-pensionsluecke-ard-und-zdf-schreien-nach-extra-soli-.html (Aufgerufen am 23.9.2016)

43 http://info.kopp-verlag.de/hintergruende/enthuellungen/markus-maehler/2-2-milliarden-euro-pensionsluecke-ard-und-zdf-schreien-nach-extra-soli-.html (Aufgerufen am 23.9.2016)

44 http://www.focus.de/finanzen/altersvorsorge/rente/kontostand/ durchschnittsrente_aid_19622.html (Aufgerufen am 7.9.2016)

45 Vgl. beispielsweise: http://www.deutschlandradio.de/index.media.814c245060a6b2472da72526b4a7159f.pdf (Aufgerufen am 7.9.2016)

46 http://www.zeit.de/2013/22/oeffentlich-rechtliches-fernsehen-verwendung-gebuehren (Aufgerufen am 25.8.2016)

47 http://info.kopp-verlag.de/hintergruende/enthuellungen/markus-maehler/2-2-milliarden-euro-pensionsluecke-ard-und-zdf-schreien-nach-extra-soli-.html (Aufgerufen am 7.9.2016)

48 http://info.kopp-verlag.de/hintergruende/enthuellungen/markus-maehler/2-2-milliarden-euro-pensionsluecke-ard-und-zdf-schreien-nach-extra-soli-.html (Aufgerufen am 7.9.2016)

49 http://www.derwesten.de/kultur/fernsehen/in-pensionskassen-von-ard-und-zdf-klafft-milliardenluecke-id11555563.html (Aufgerufen am 23.9.2016)

50 http://kef-online.de/inhalte/bericht20/20_KEF-Bericht.pdf S. 115. (Aufgerufen am 23.9.2016)

51 http://www.digitalfernsehen.de/ARD-Milliarden-fuer-Sport-Rechte.132296.0.html (Aufgerufen am 21.9.2016)

52 http://www.zdf.de/ZDF/zdfportal/blob/26486074/1/data.pdf (Aufgerufen am 21.9.2016)

53 http://www.spiegel.de/politik/deutschland/ard-und-zdf-finanzieren-korruption-kolumne-jan-fleischhauer-a-1112872.html (Aufgerufen am 21.9.2016)

54 http://www.spiegel.de/politik/deutschland/ard-und-zdf-finanzieren-korruption-kolumne-jan-fleischhauer-a-1112872.html (Aufgerufen am 21.9.2016)

55 http://www.spiegel.de/kultur/gesellschaft/luegenpresse-ist-unwort-des-jahres-a-1012678.html (Aufgerufen am 9.9.2016)

56 Vgl.: Michael Brückner: Die Akte Wikipedia: Falsche Informationen und Propaganda in der Online-Enzyklopädie, Rottenburg a. N. 2014.

57 https://de.wikipedia.org/wiki/L%C3%BCgenpresse (Aufgerufen am 9.9.2016)

58 http://www.heise.de/tp/artikel/43/43850/1.html (Aufgerufen am 9.9.2016)

59 http://www.heise.de/tp/artikel/46/46350/1.html (Aufgerufen am 12.9.2016)

60 http://www.tagesspiegel.de/medien/ukraine-konflikt-im-wdr-falsches-panzer-bild-eine-reine-unaufmerksamkeit/10792768.html (Aufgerufen am 12.9.2016)

61 http://de.alamy.com/stock-photo-epa01456661-russian-armoured-personnel-carriers-and-tanks-leave-their-98686058.html (Aufgerufen am 12.9.2016)

62 http://www.tagesspiegel.de/medien/ukraine-konflikt-im-wdr-falsches-panzer-bild-eine-reine-unaufmerksamkeit/10792768.html (Aufgerufen am 12.9.2016)

63 http://www.zeit.de/politik/ausland/2015-01/anschlag-charlie-hebdo-paris-frankreich-live-blog (Aufgerufen am 19.9.2016)

64 https://propagandaschau.wordpress.com/2015/01/13/lugenpresse-ard-und-zdf-tauschen-und-belugen-die-zuschauer-uber-massendemo-in-paris/ (Aufgerufen am 12.9.2016)

65 https://propagandaschau.wordpress.com/2015/01/13/lugenpresse-ard-und-zdf-tauschen-und-belugen-die-zuschauer-uber-massendemo-in-paris/ (Aufgerufen am 12.9.2016)

66 http://www.sueddeutsche.de/politik/bild-von-kundgebung-in-paris-ein-gestelltes-foto-darf-geschichte-schreiben-1.2302160 (Aufgerufen am 12.9.2016)

67 https://propagandaschau.wordpress.com/2016/01/14/syrienkrieg-programmbeschwerde-wegen-unbewiesener-inkorrekter-und-verzerrter-berichterstattung-der-ard-tagesschau/

68 http://www.heise.de/tp/artikel/41/41168/1.html (Aufgerufen am 15.9.2016)

69 **https://de.wikipedia.org/wiki/Deutsche_Druck-_und_Verlagsgesellschaft (Aufgerufen am 26.9.2016)**

70 https://de.wikipedia.org/wiki/Deutsche_Druck-_und_Verlagsgesellschaft (Aufgerufen am 26.9.2016)

71 Vgl. http://pressnetwork.de/streit-uber-sicherung-der-pressevielfalt/ (Aufgerufen am 27.9.2016)

72 https://www.rundfunkbeitrag.de/e175/e1691/Geschaeftsbericht_ 2014.pdf (Aufgerufen am 28.9.2016)

73 Siehe auch ARD Pressemeldung vom 27.11.2013 http://www.ard.de/home/intern/presse/pressearchiv/Einnahmen_aus_dem_Rundfunkbeitrag/557590/index.html (Aufgerufen am 28.9.2016)

74 http://www.pravda-tv.com/2014/02/zdf-staatsfernsehen-antirussische-propaganda-fur-kinder-in-deutschland-video/ (Aufgerufen am 14.9.2016)

75 Das Recht auf freie Meinungsäußerung schließt die sogenannte „negative Meinungsfreiheit" mit ein. Niemand darf dazu gezwungen werden, die Meinung eines anderen zu teilen, auch nicht die Meinung der öffentlich-rechtlichen Sender durch die Zahlung des Rundfunkbeitrags.